1 sym 1
for string quartet/string orchestra or chamber ensemble/chamber orchestra

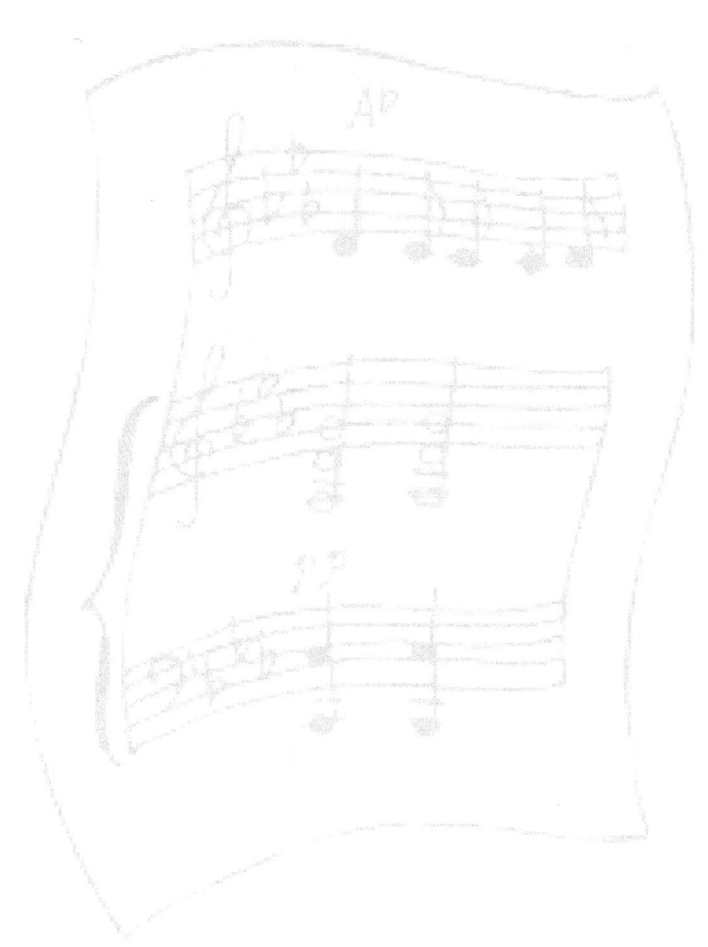

Duration: 5 minutes 53 seconds
ISBN 978-90-78808-20-6
© 1 april 2015 Uitgeverij Muz
www.uitgeverijmuz.com

1 sym 1

Joost de Groot

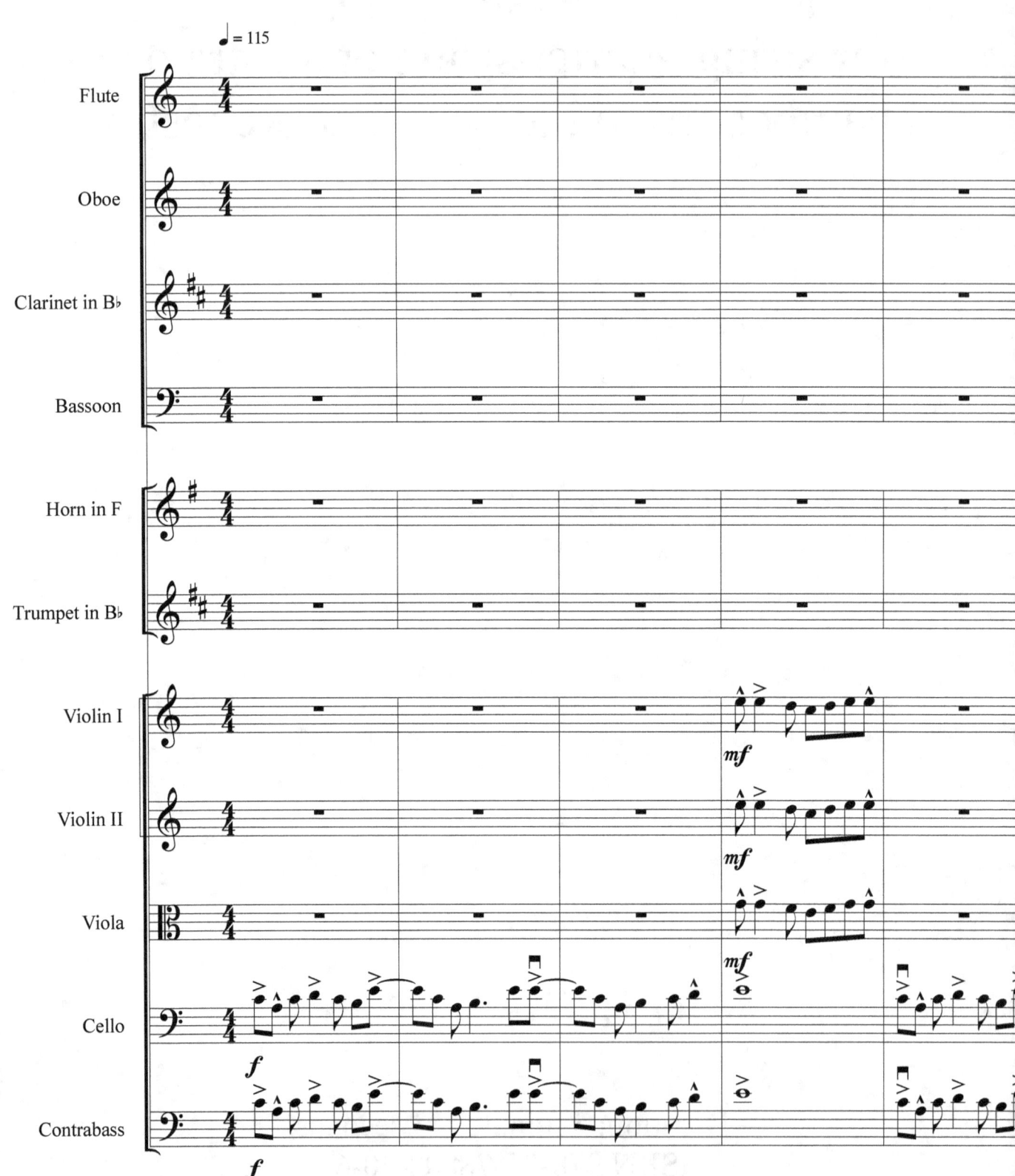

© 2015

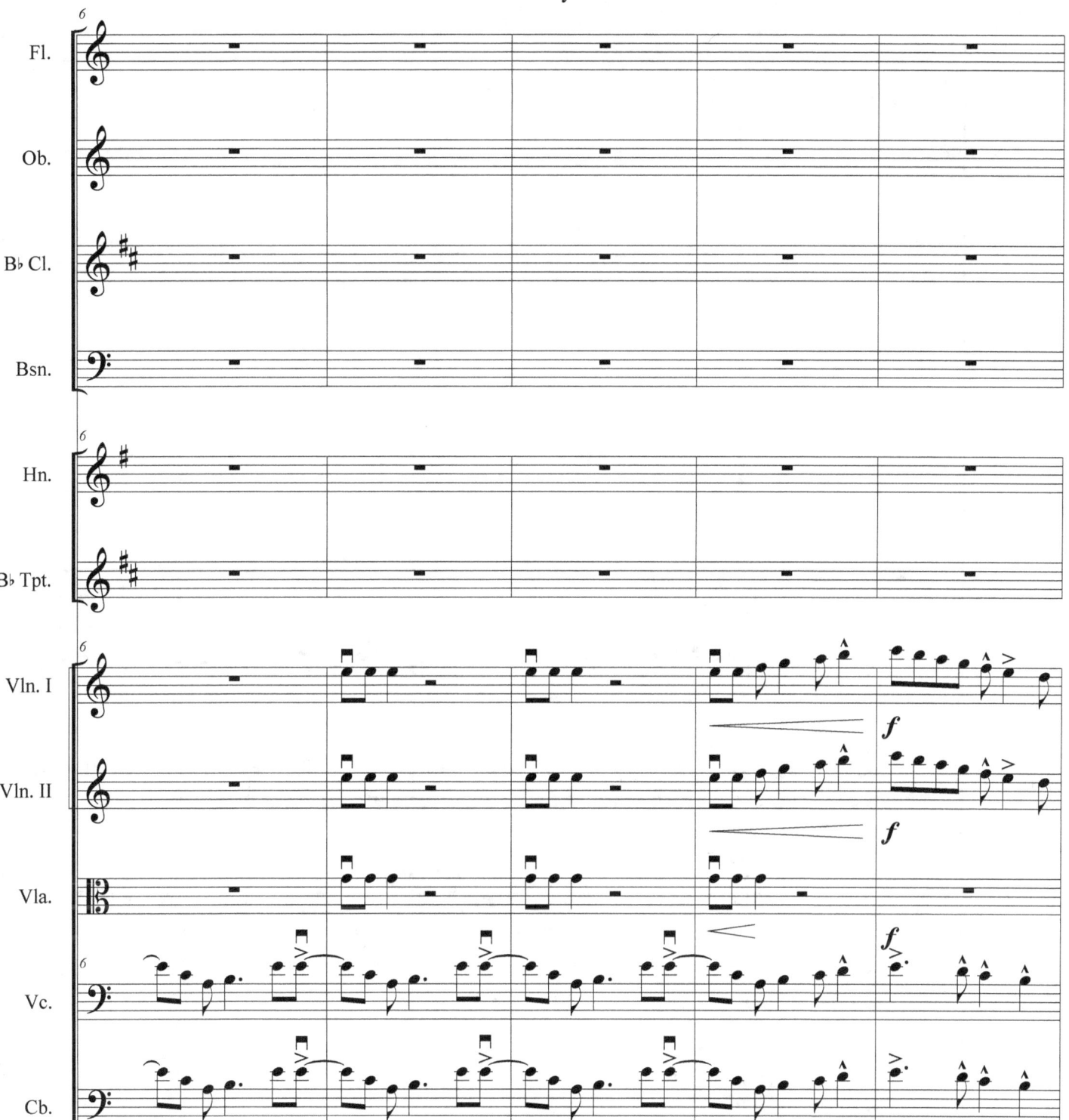

1 sym 1

1 sym 1

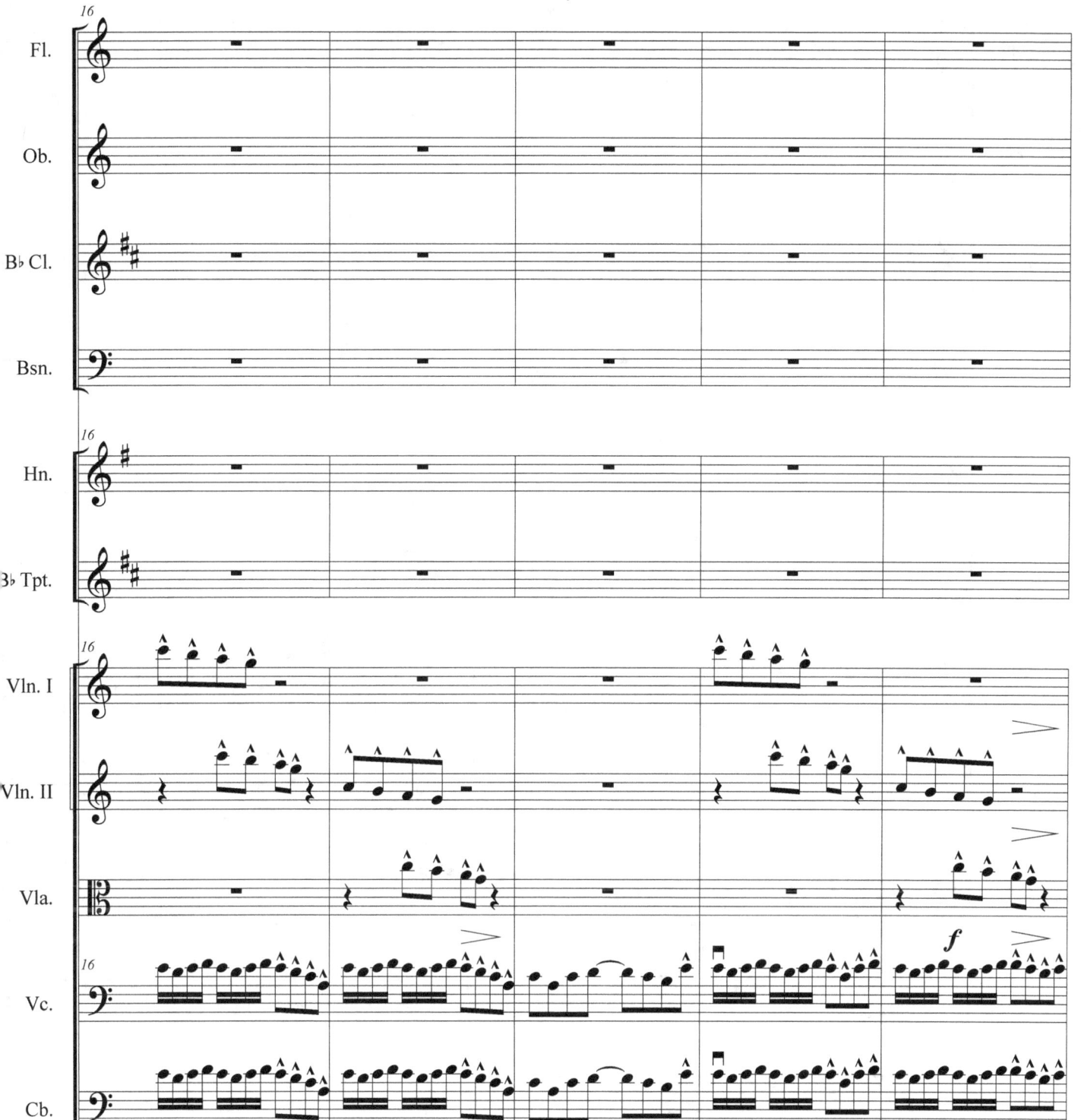

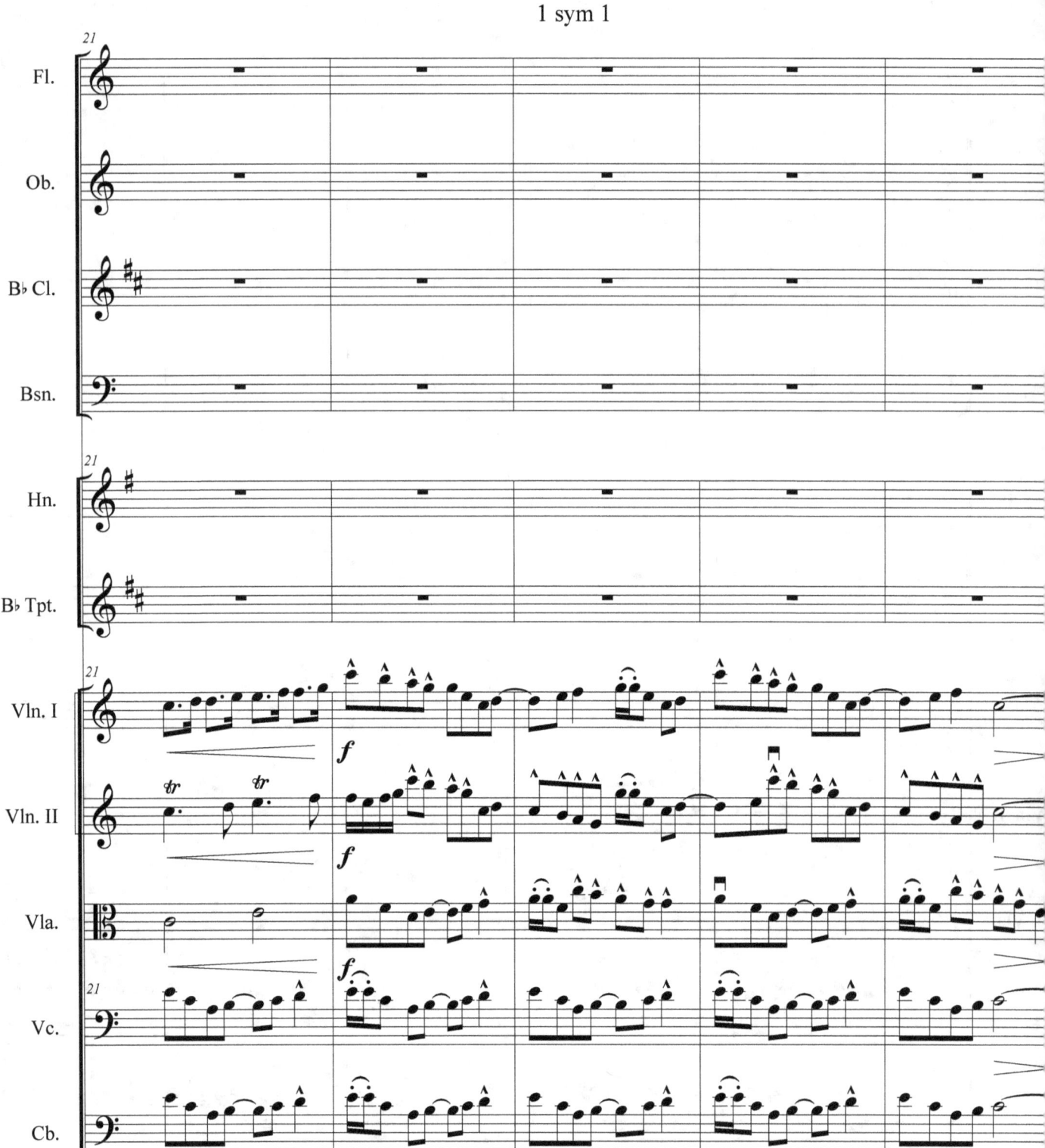

1 sym 1

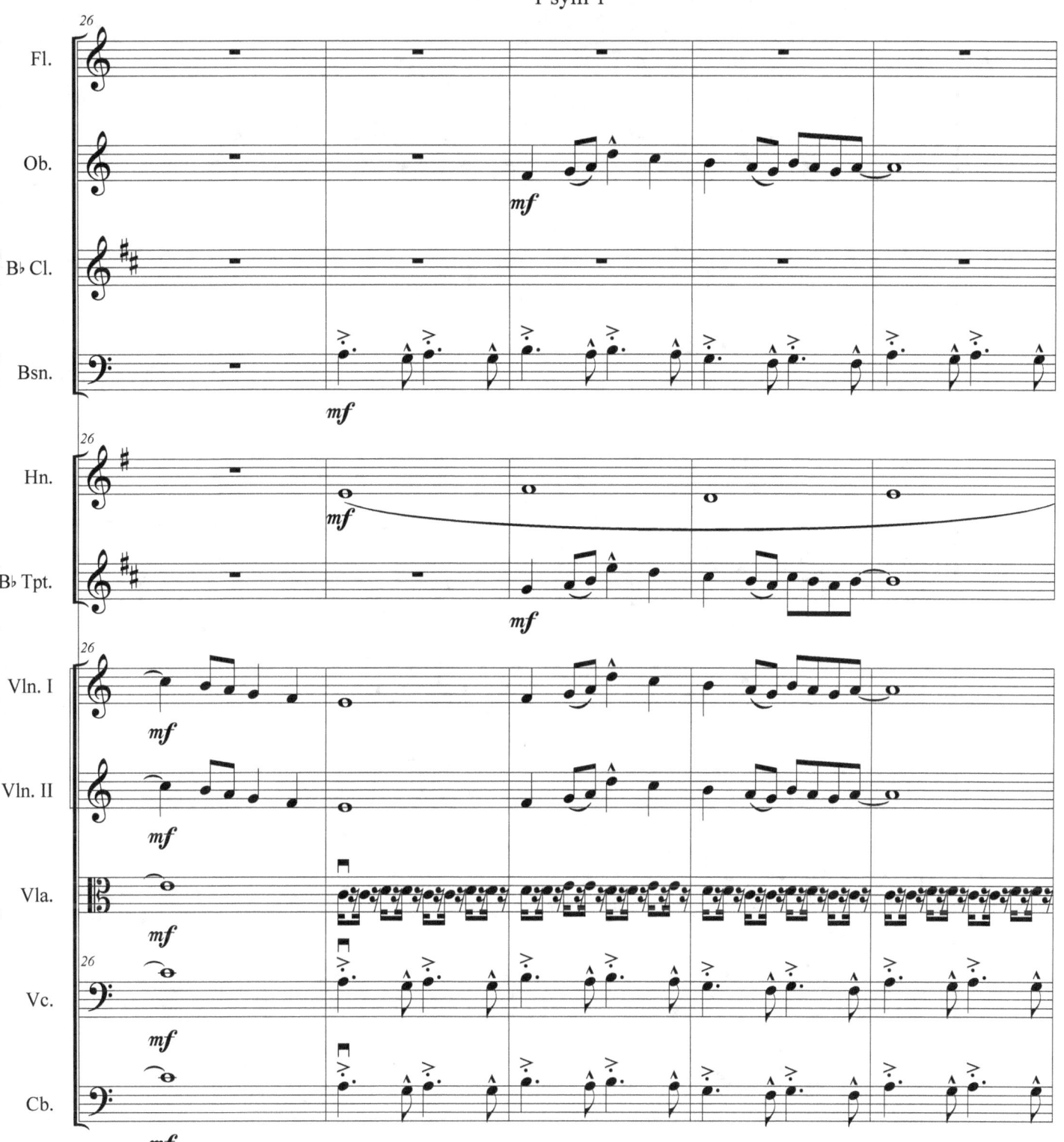

7

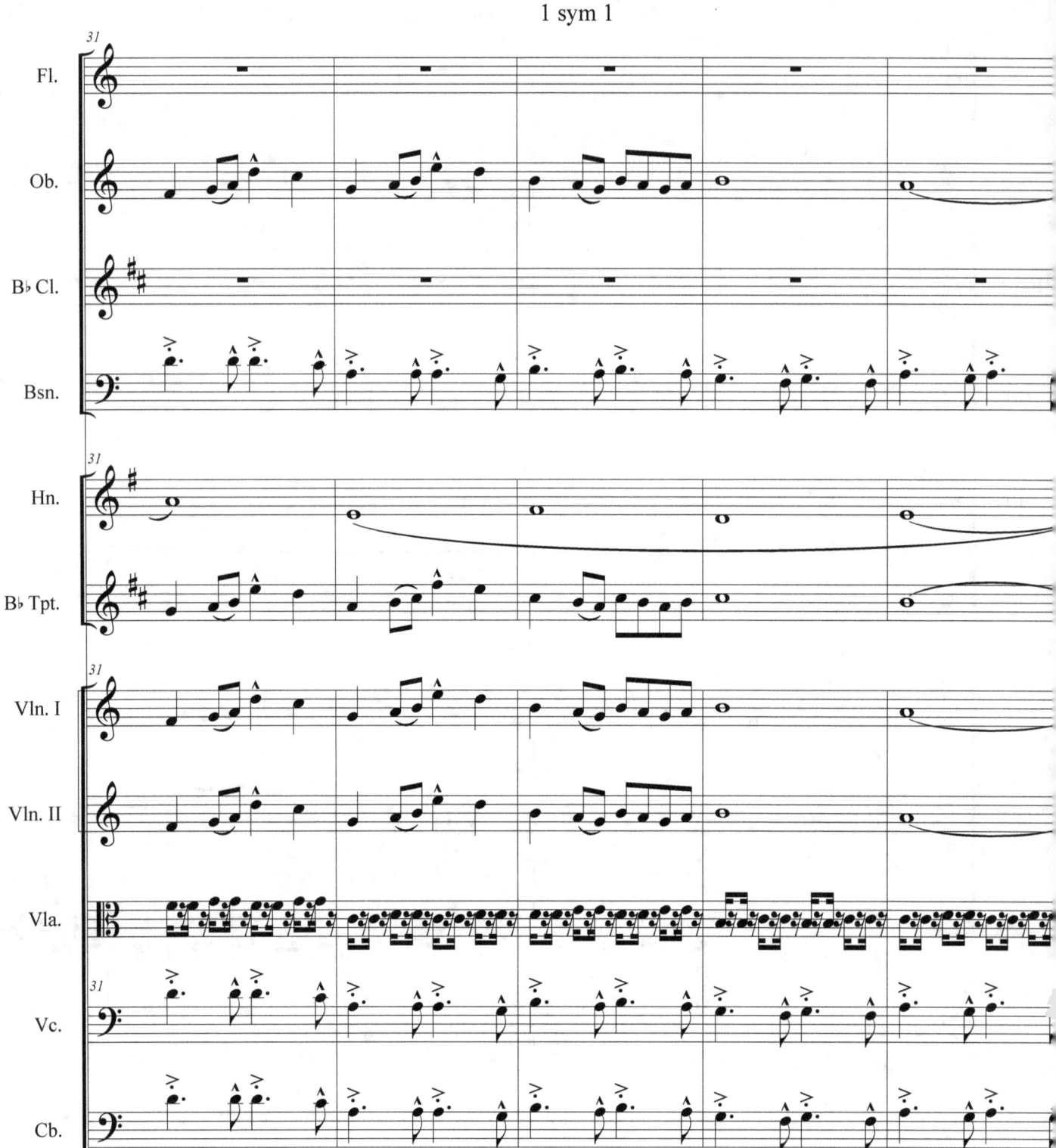

1 sym 1

1 sym 1

1 sym 1

1 sym 1

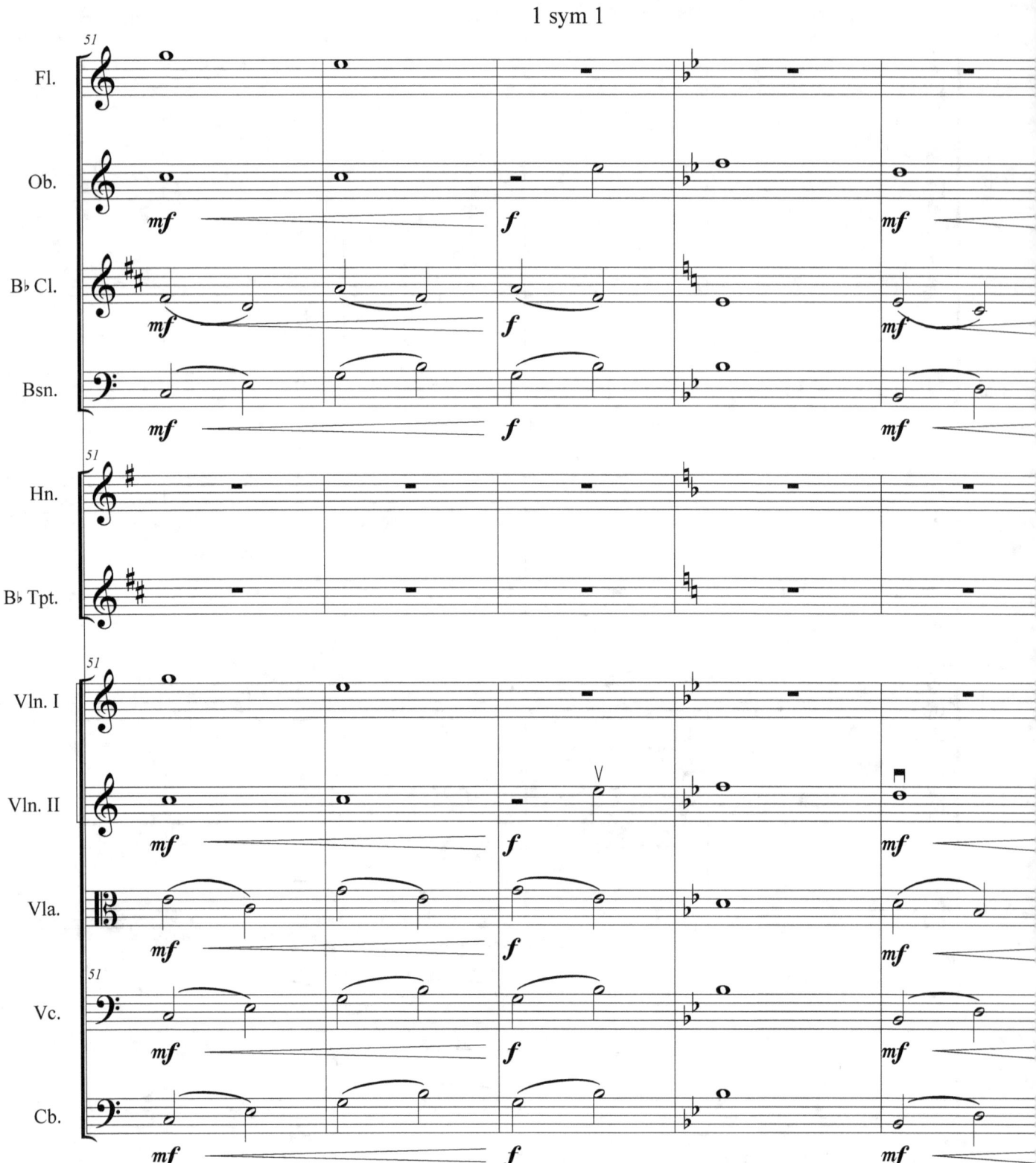

12

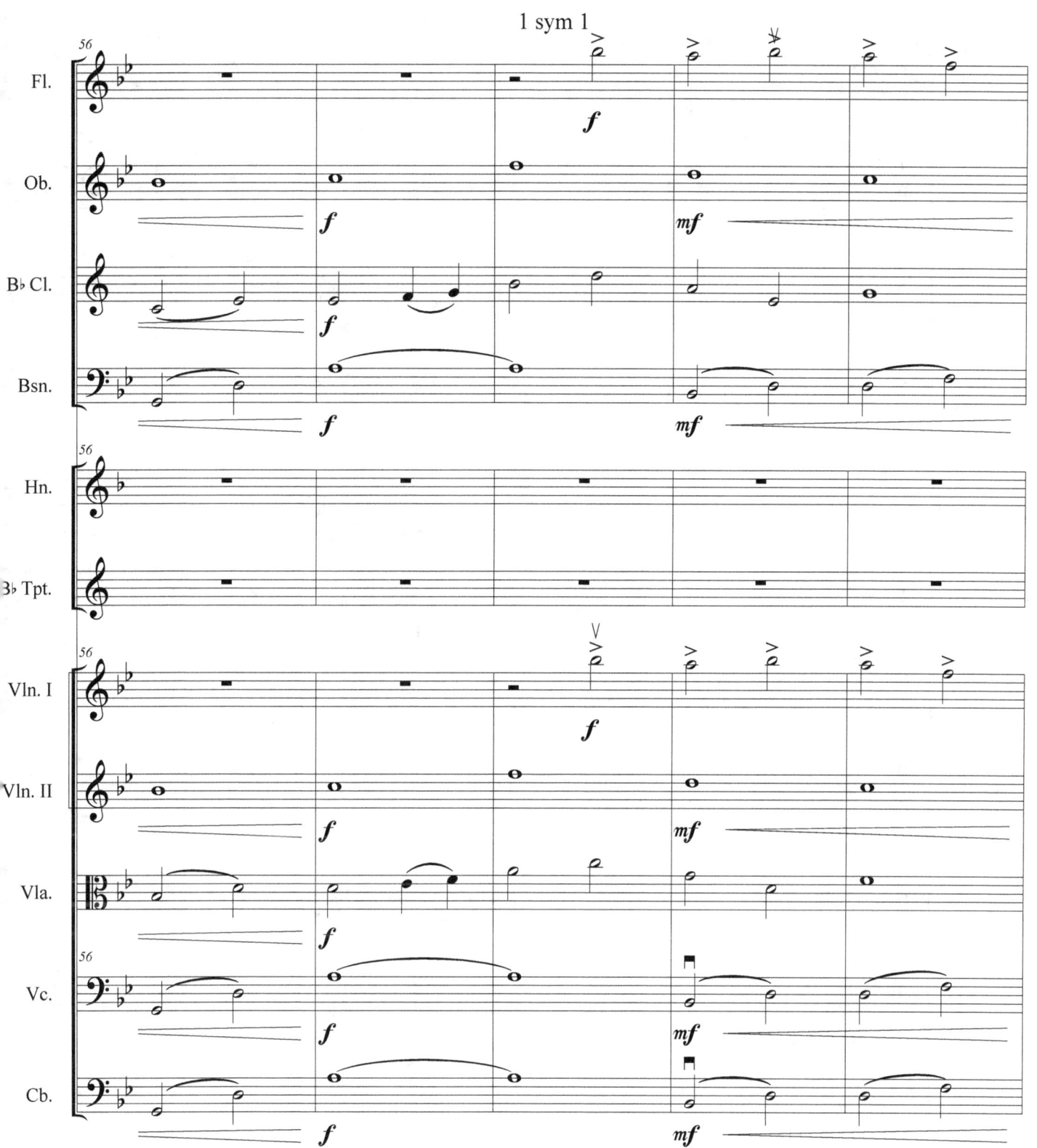

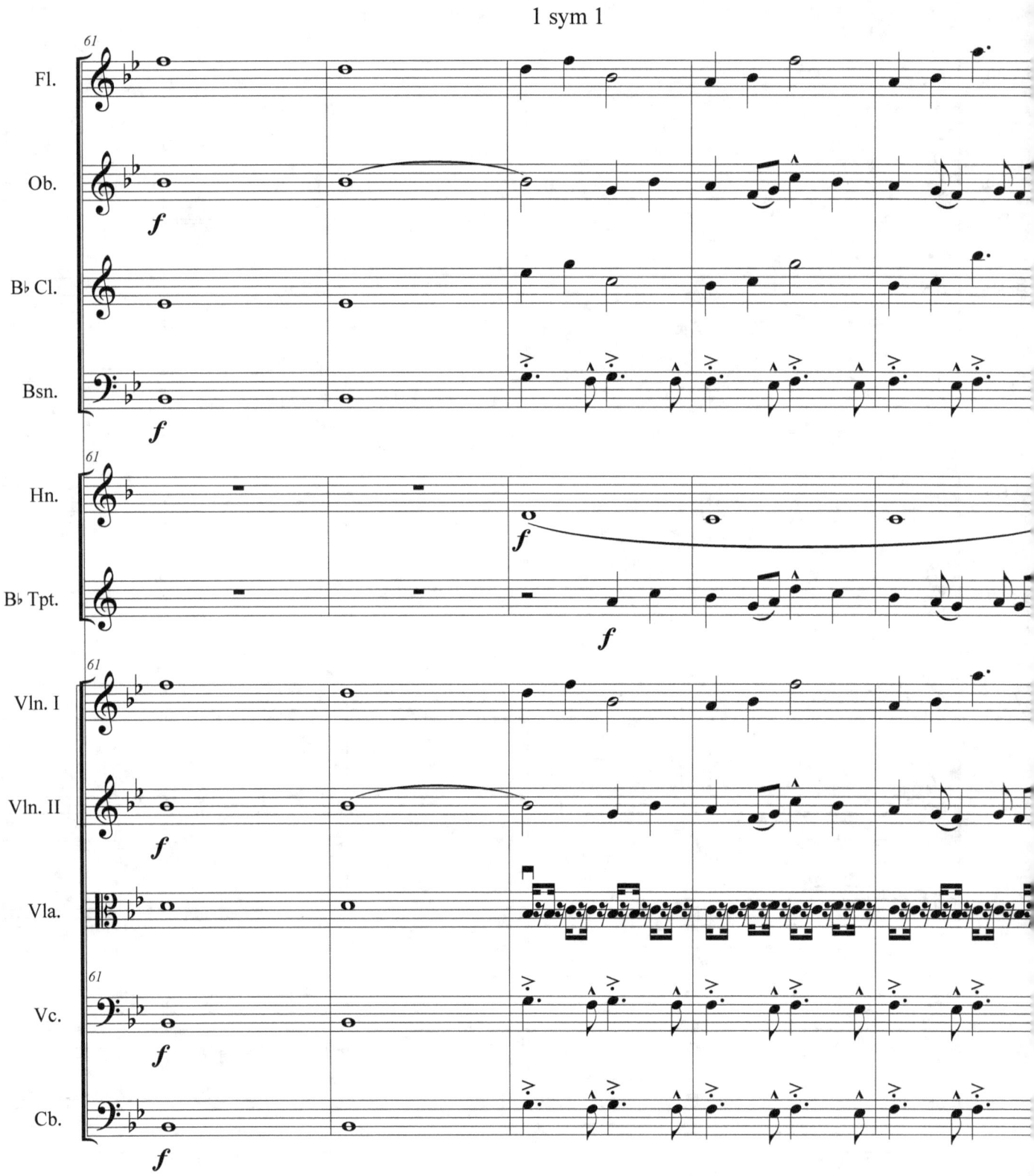

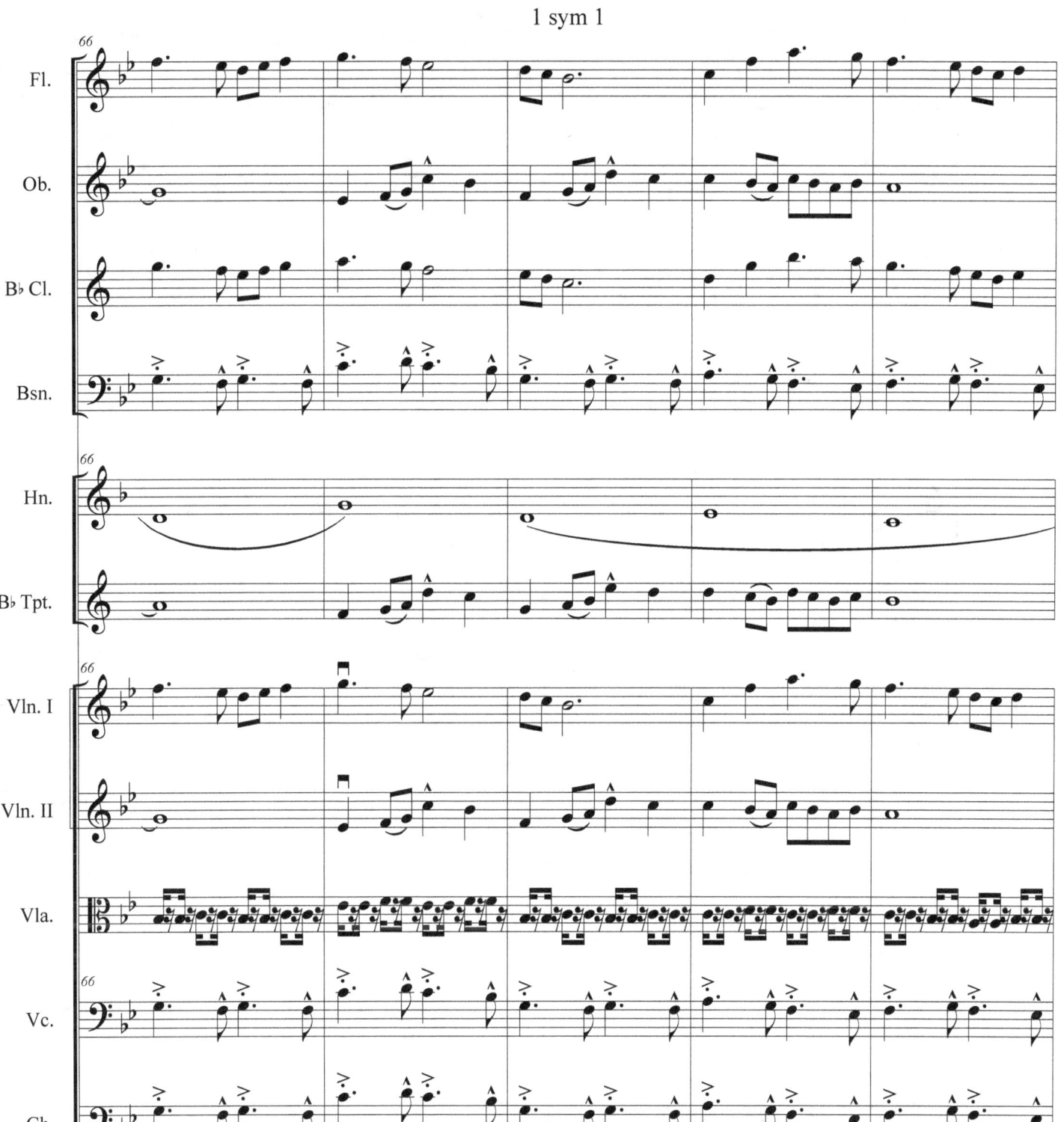

1 sym 1

1 sym 1

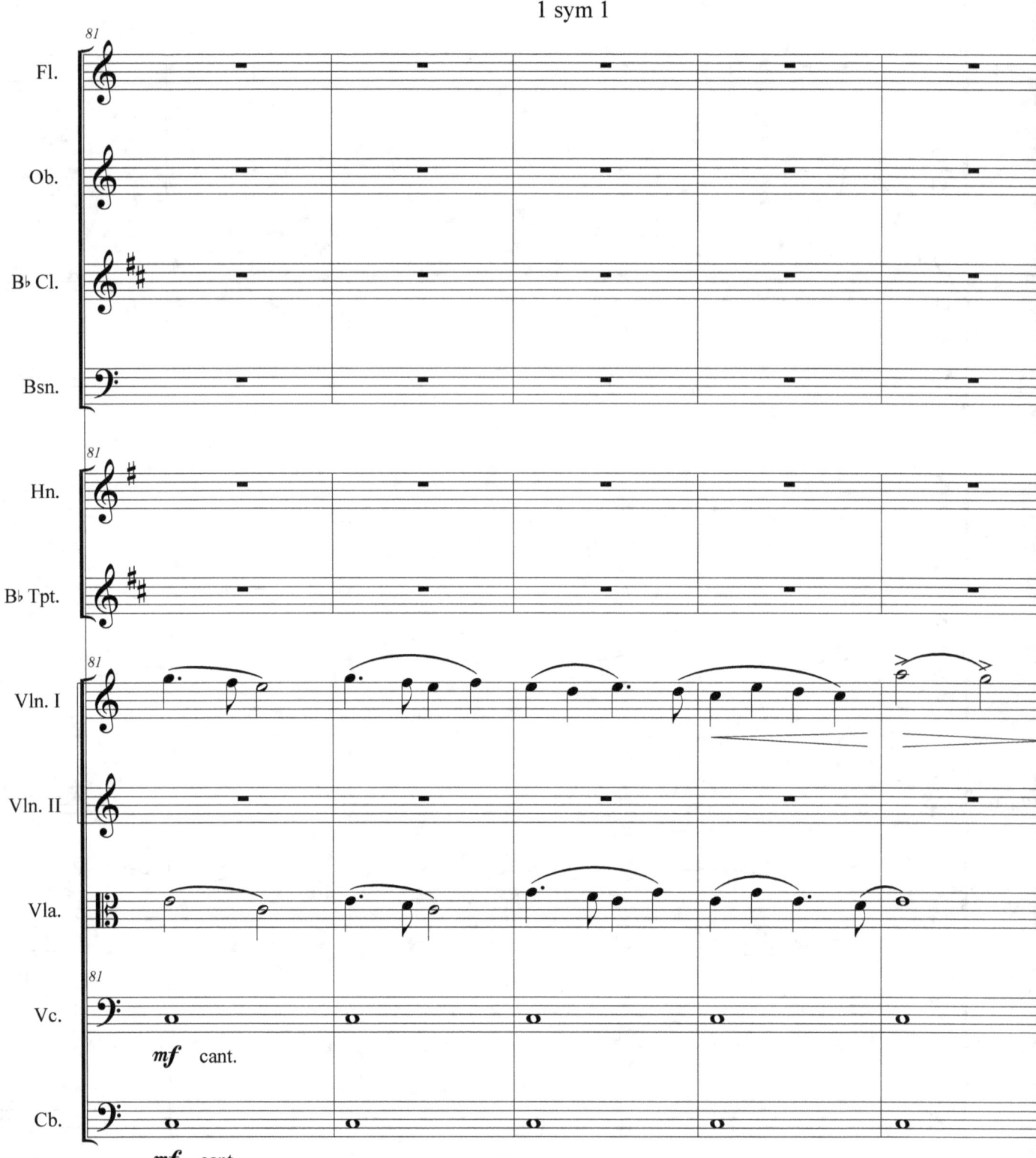

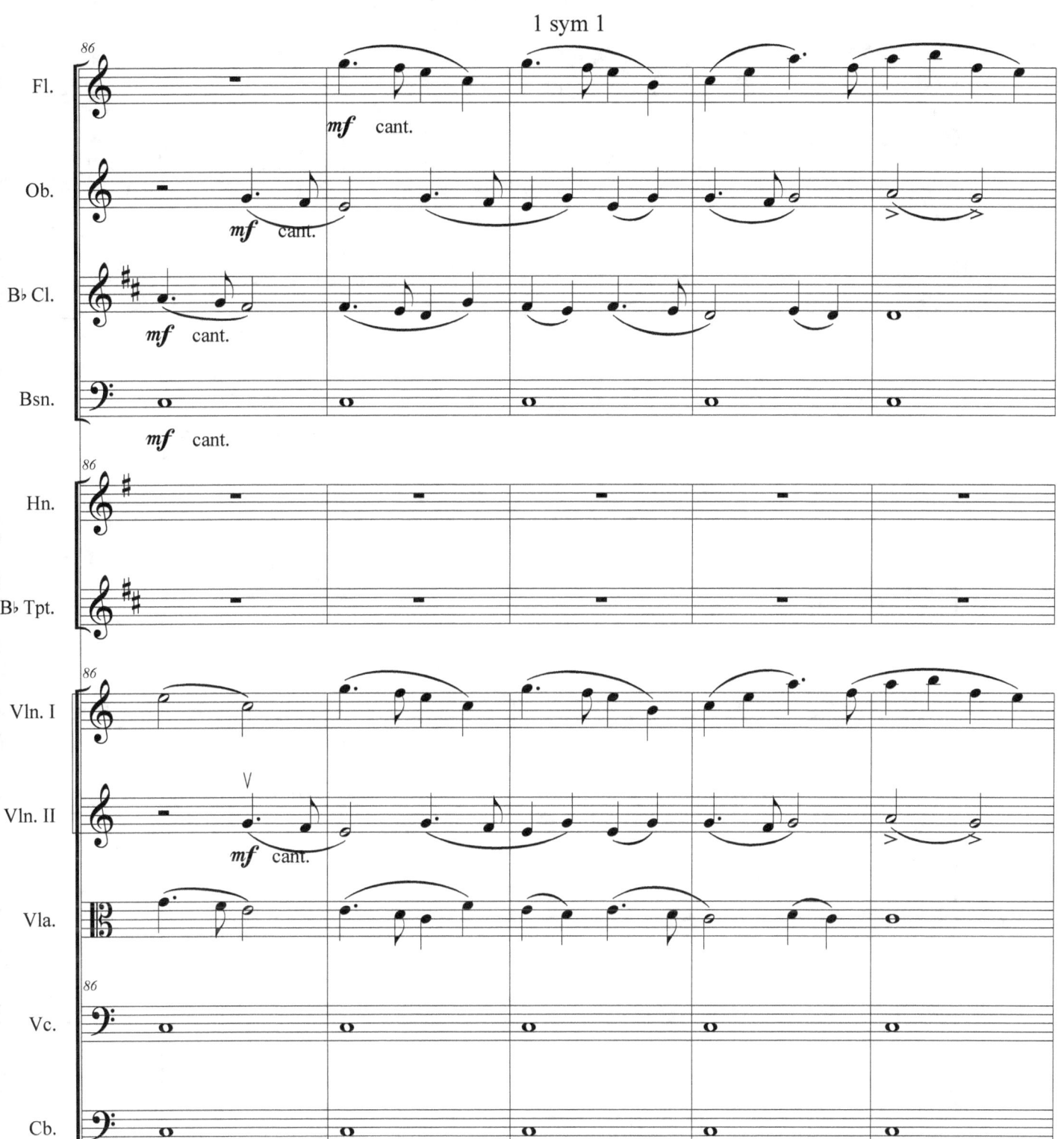

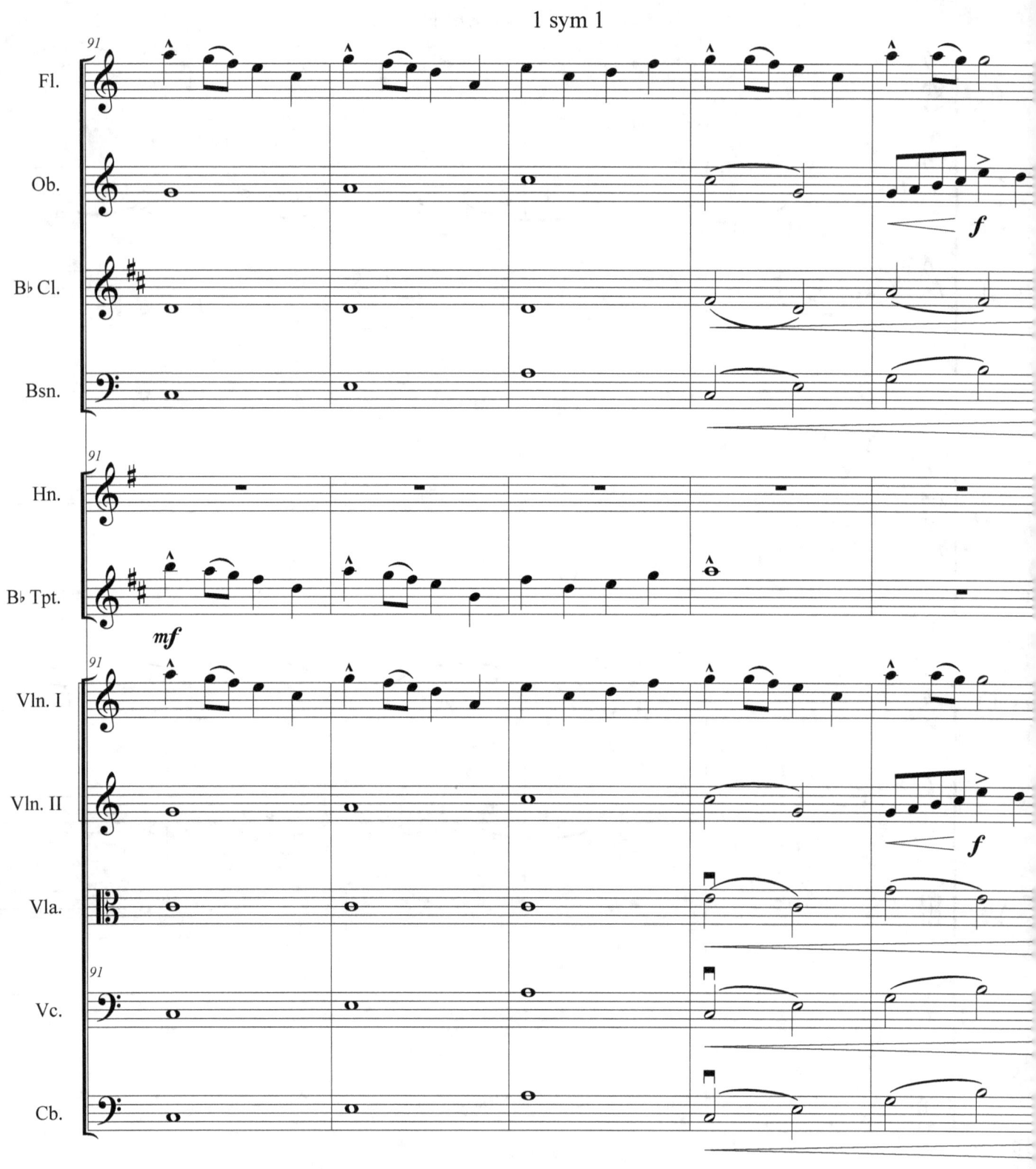

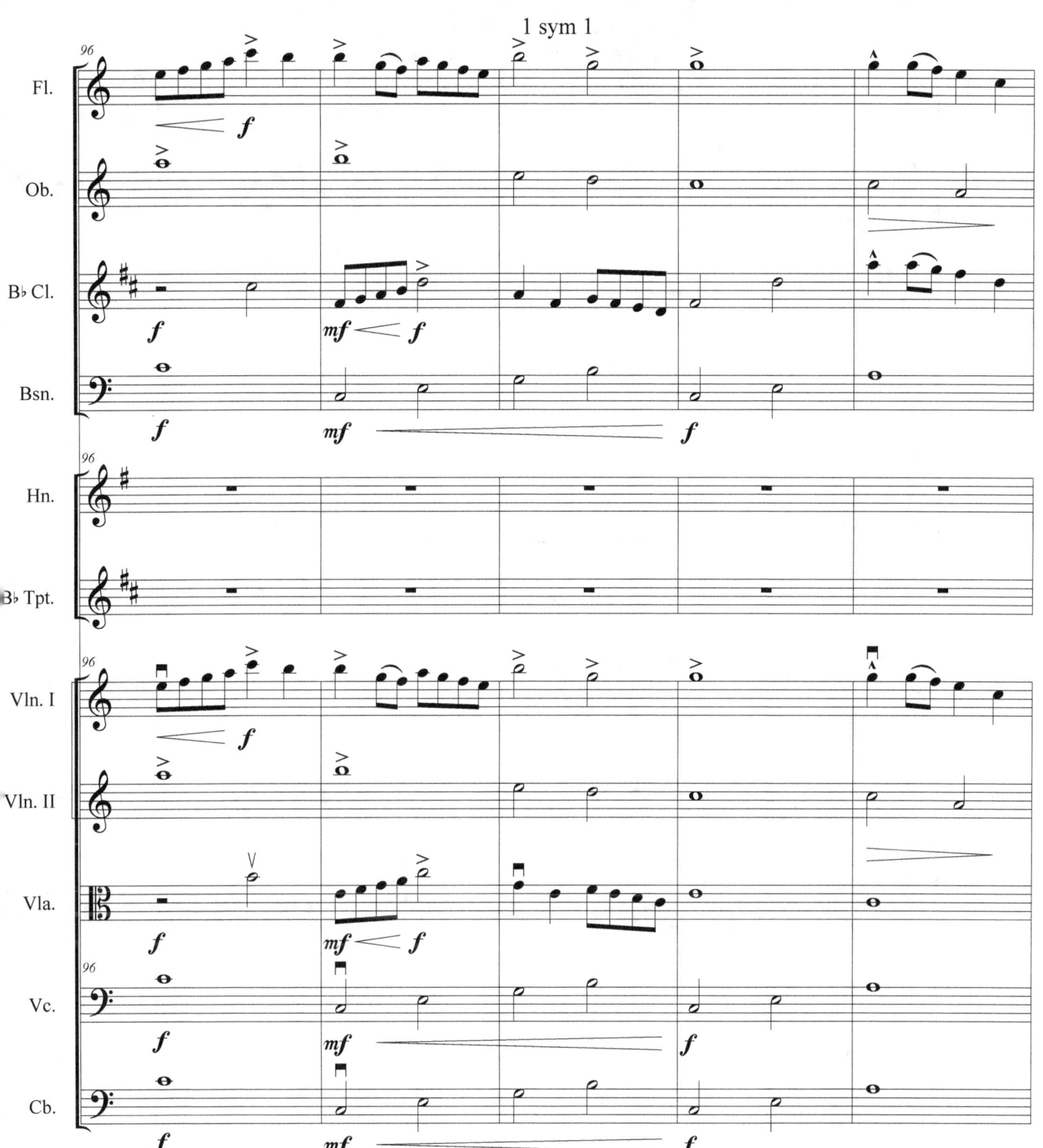

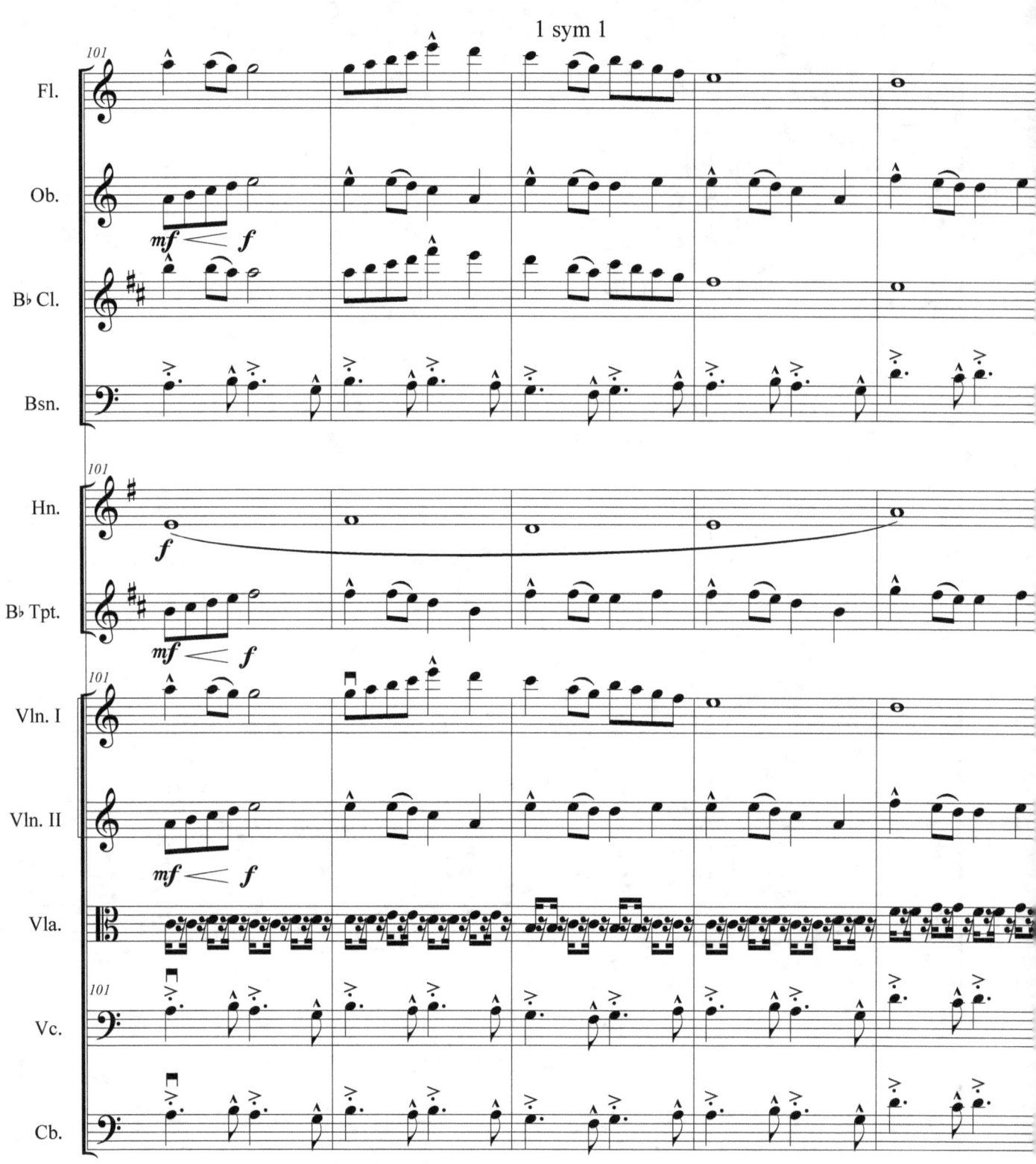

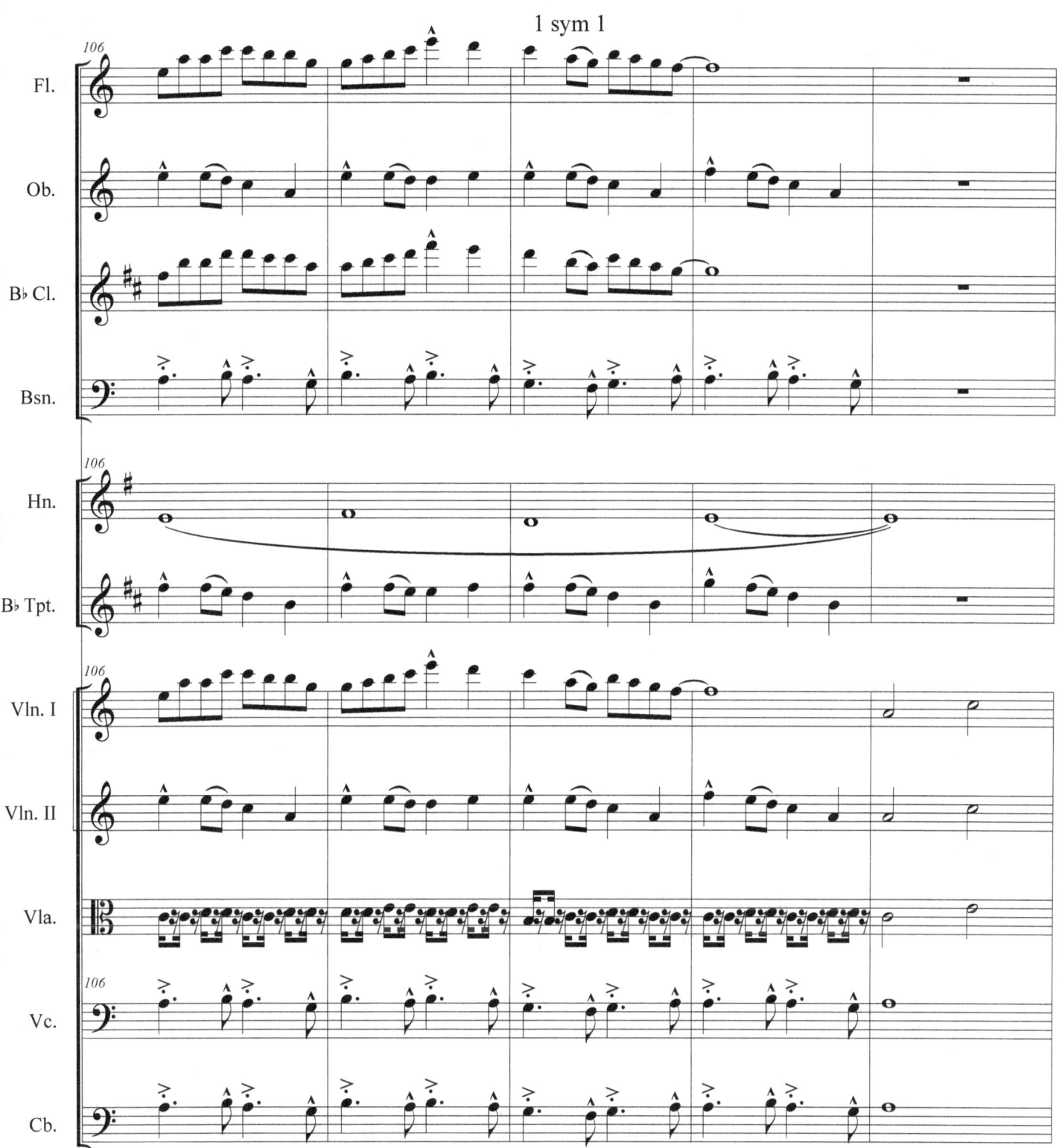

1 sym 1

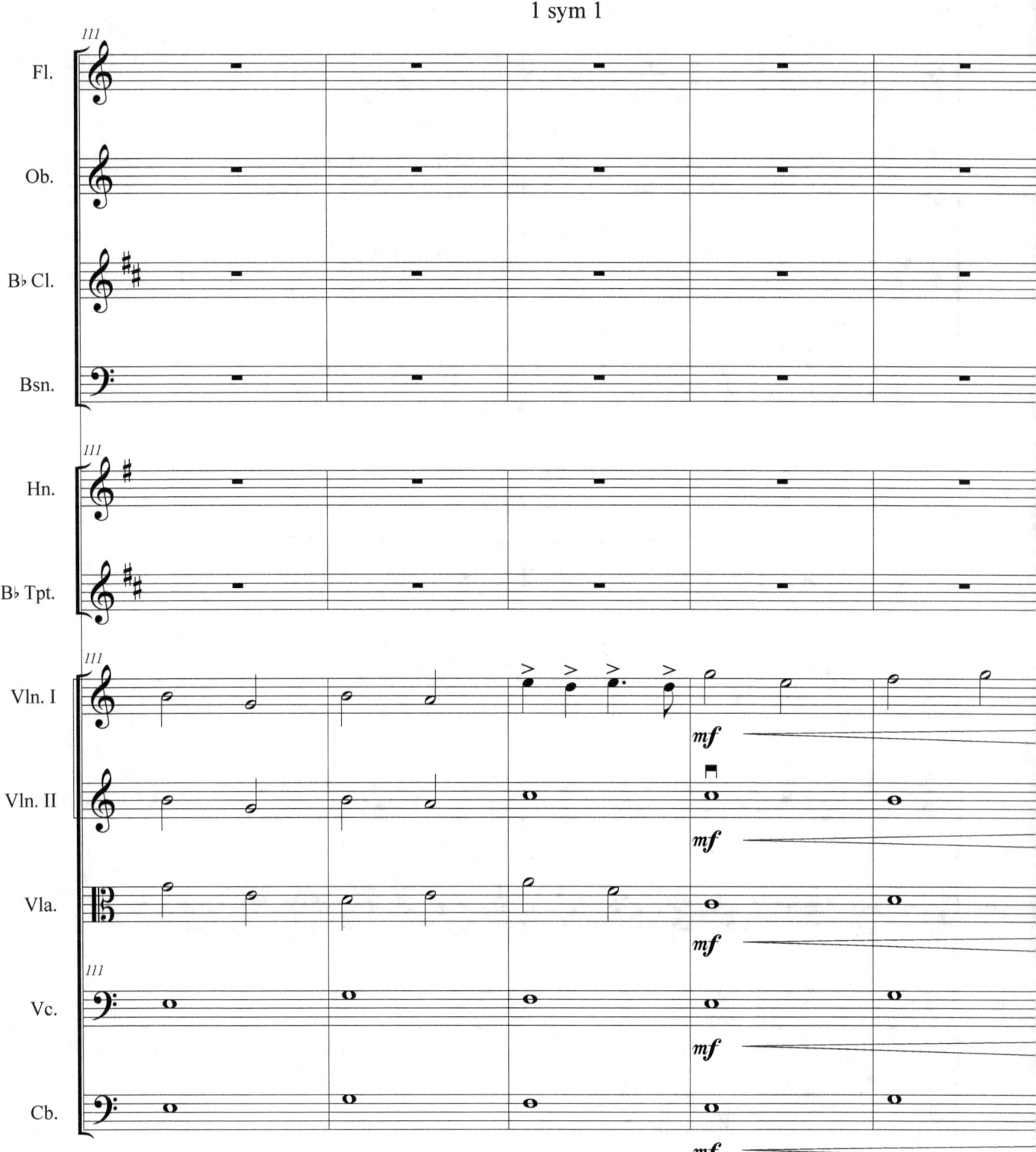

1 sym 1

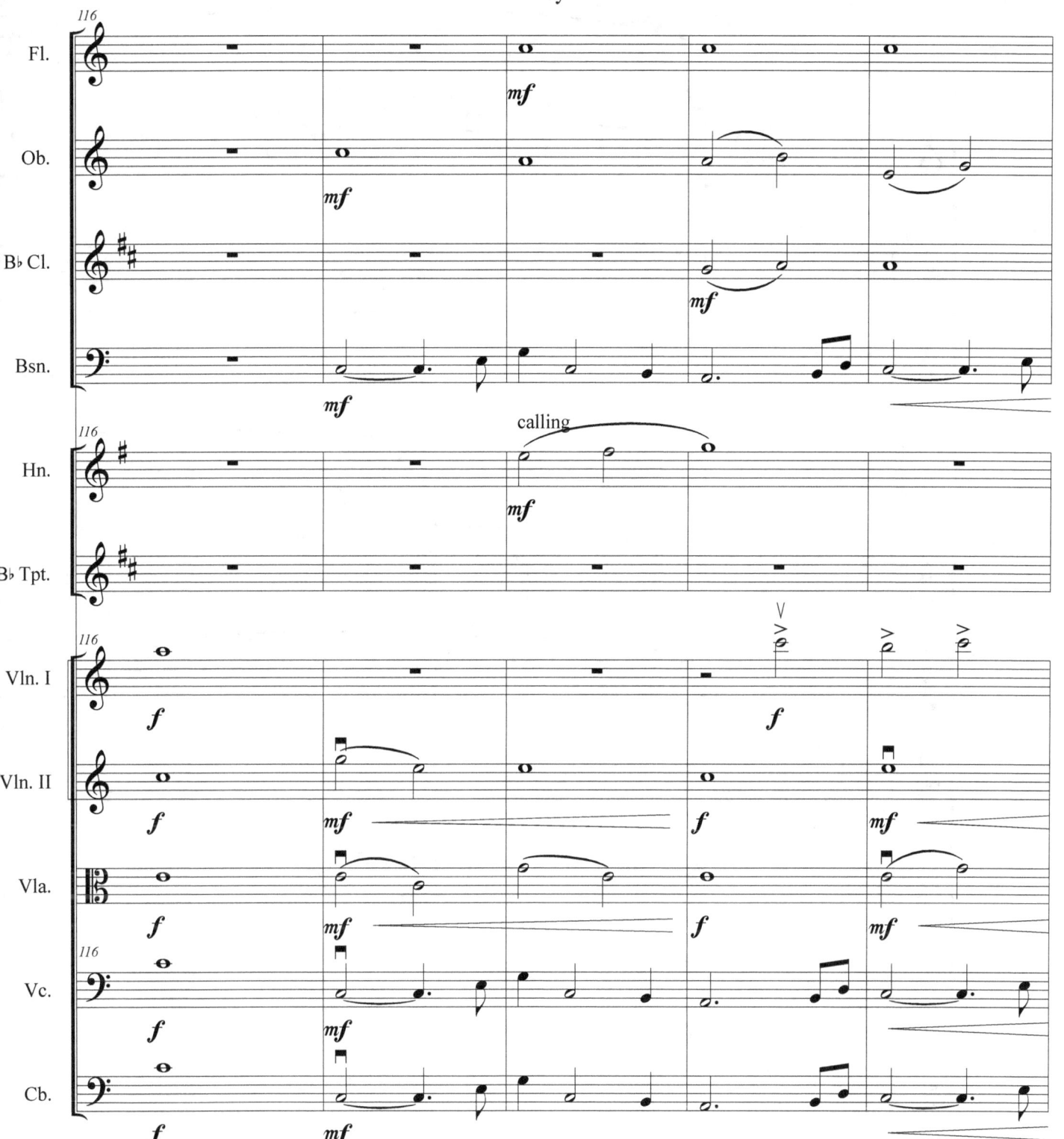

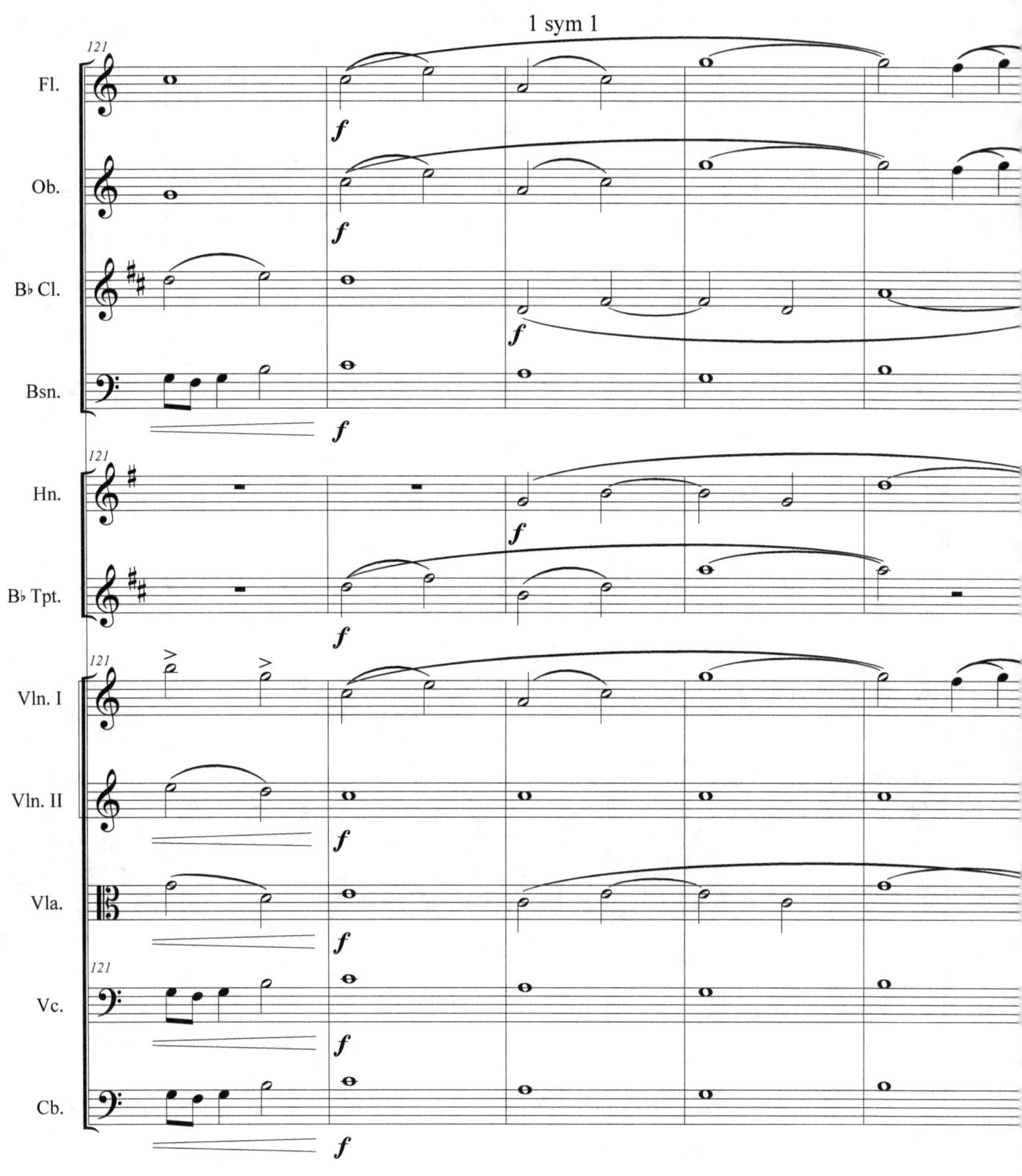

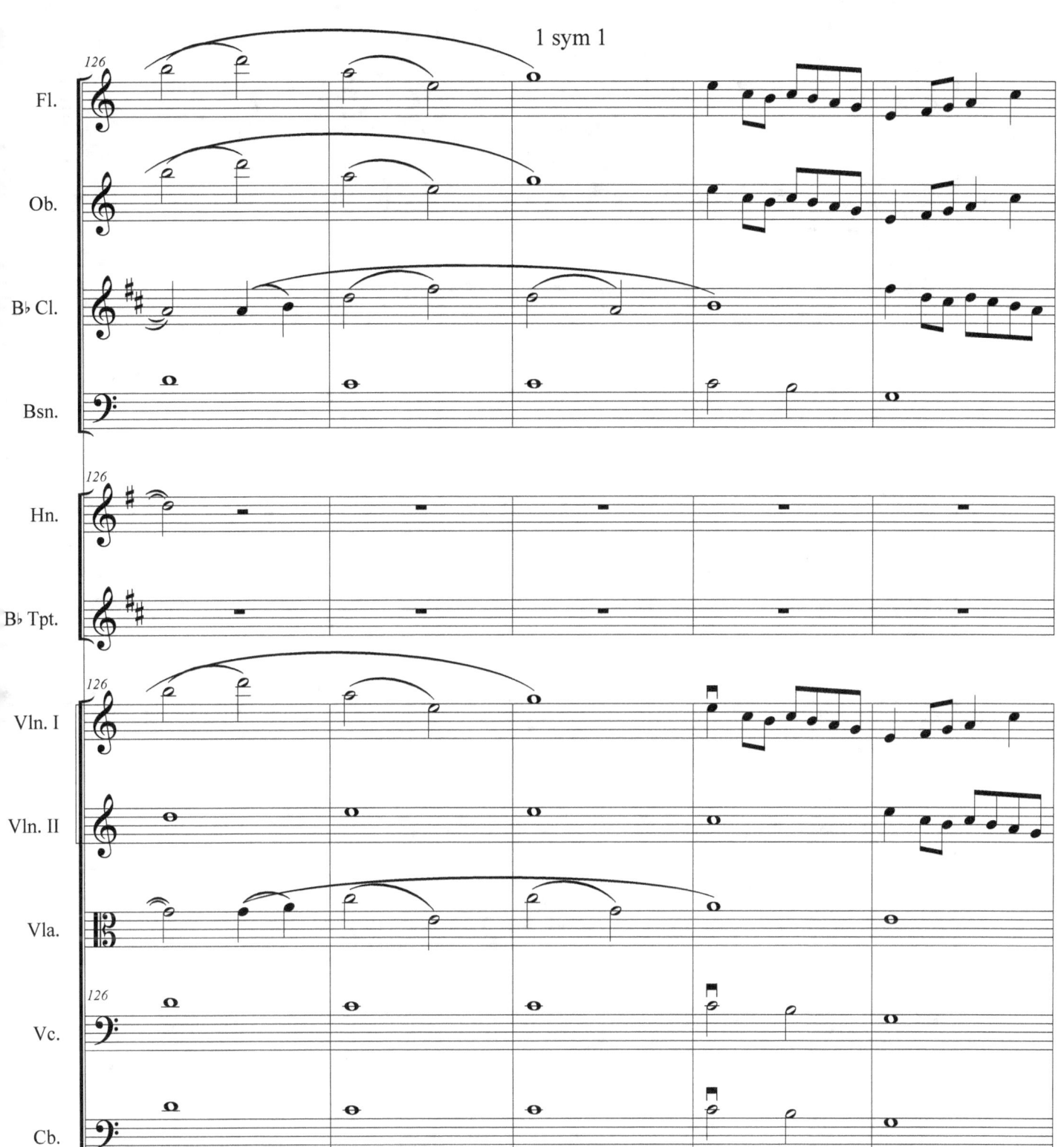

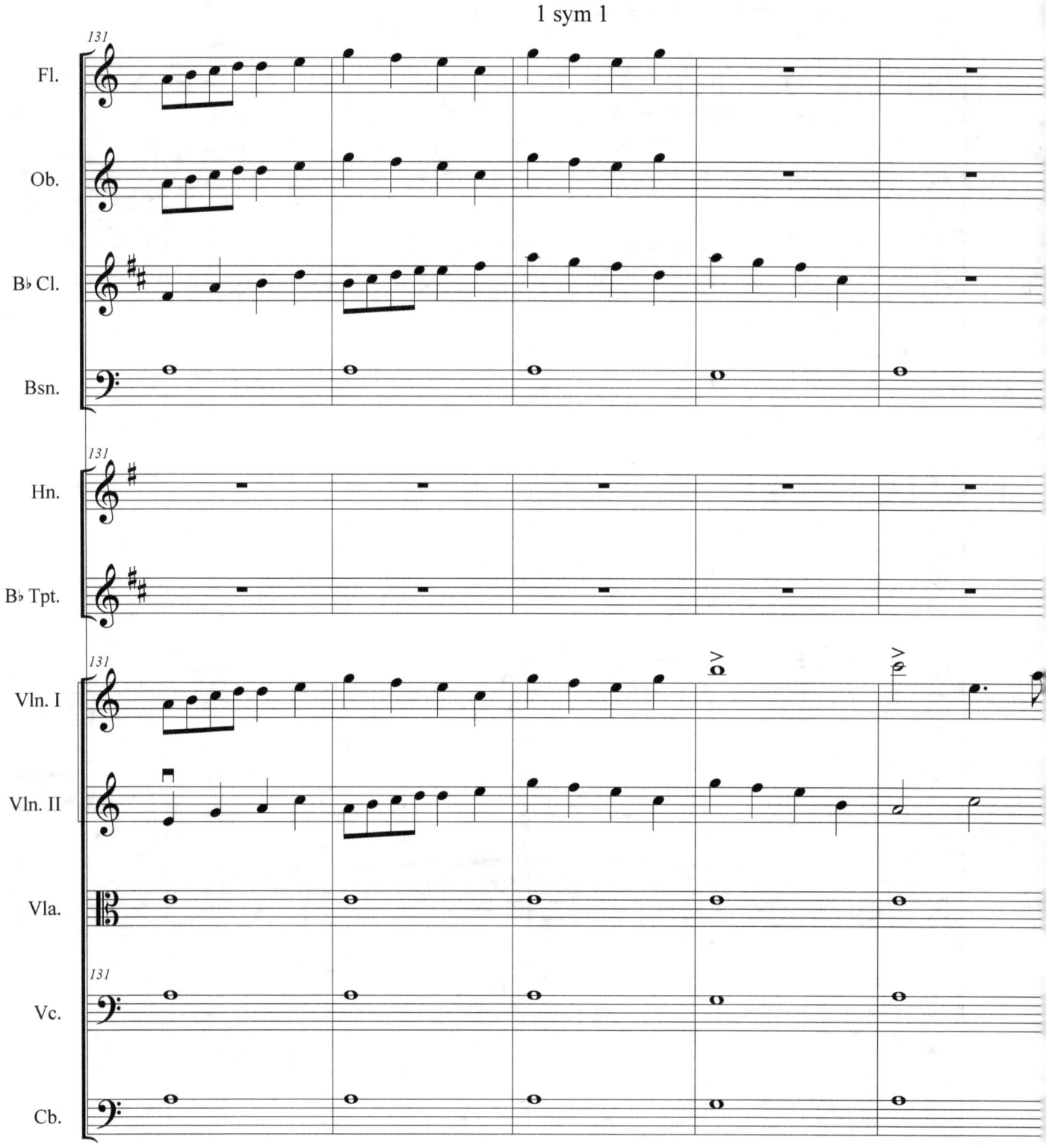

1 sym 1

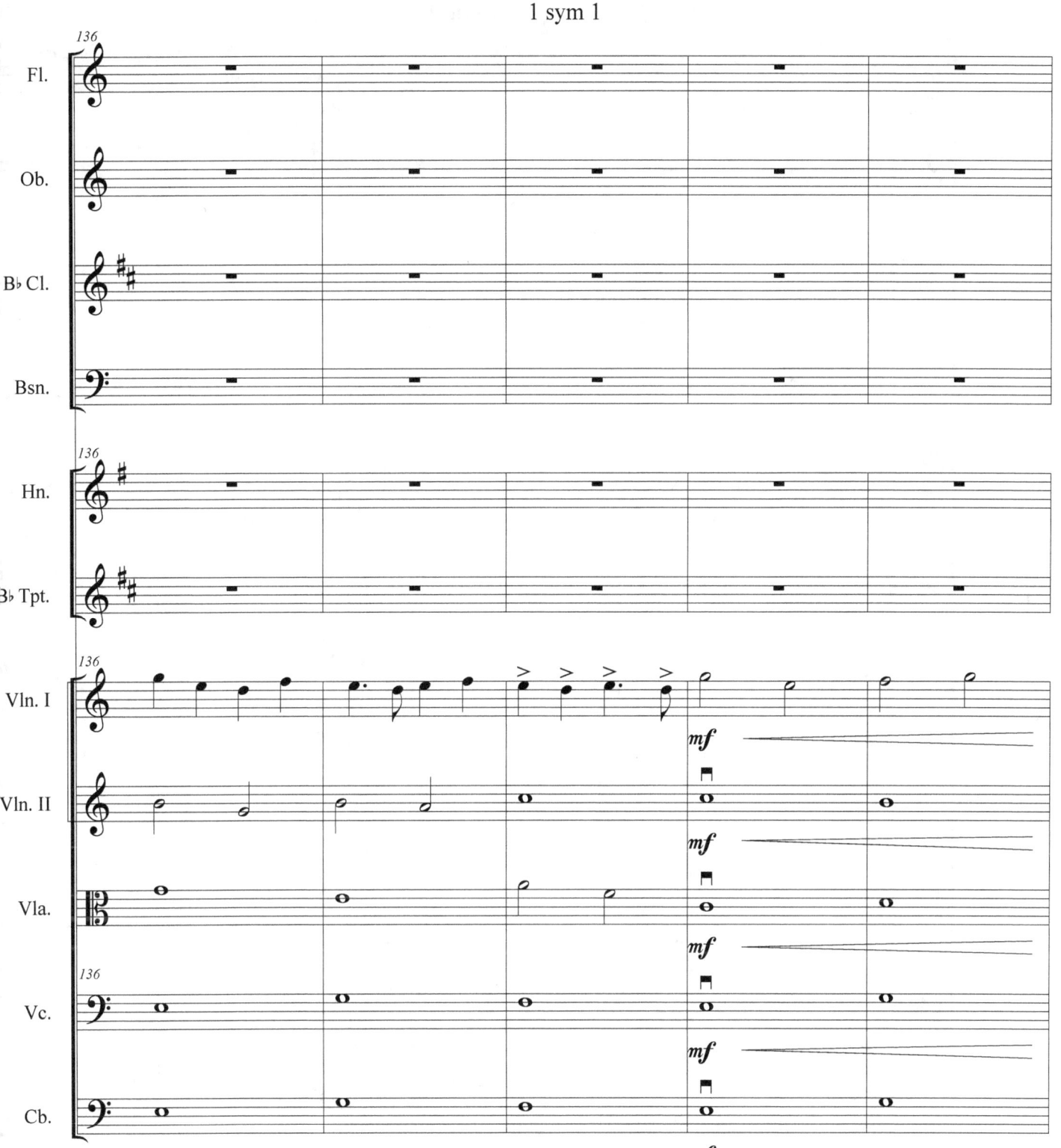

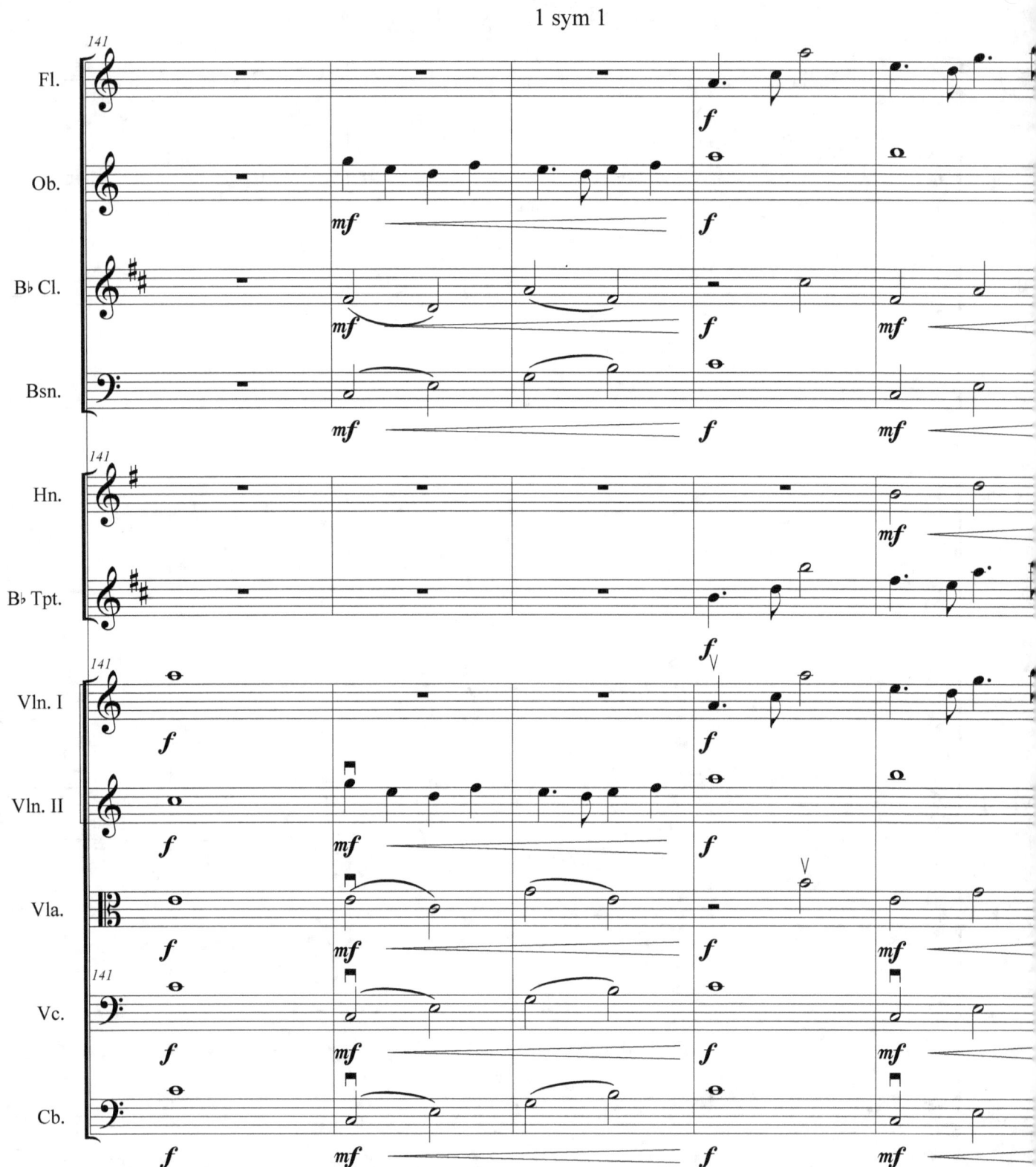

1 sym 1

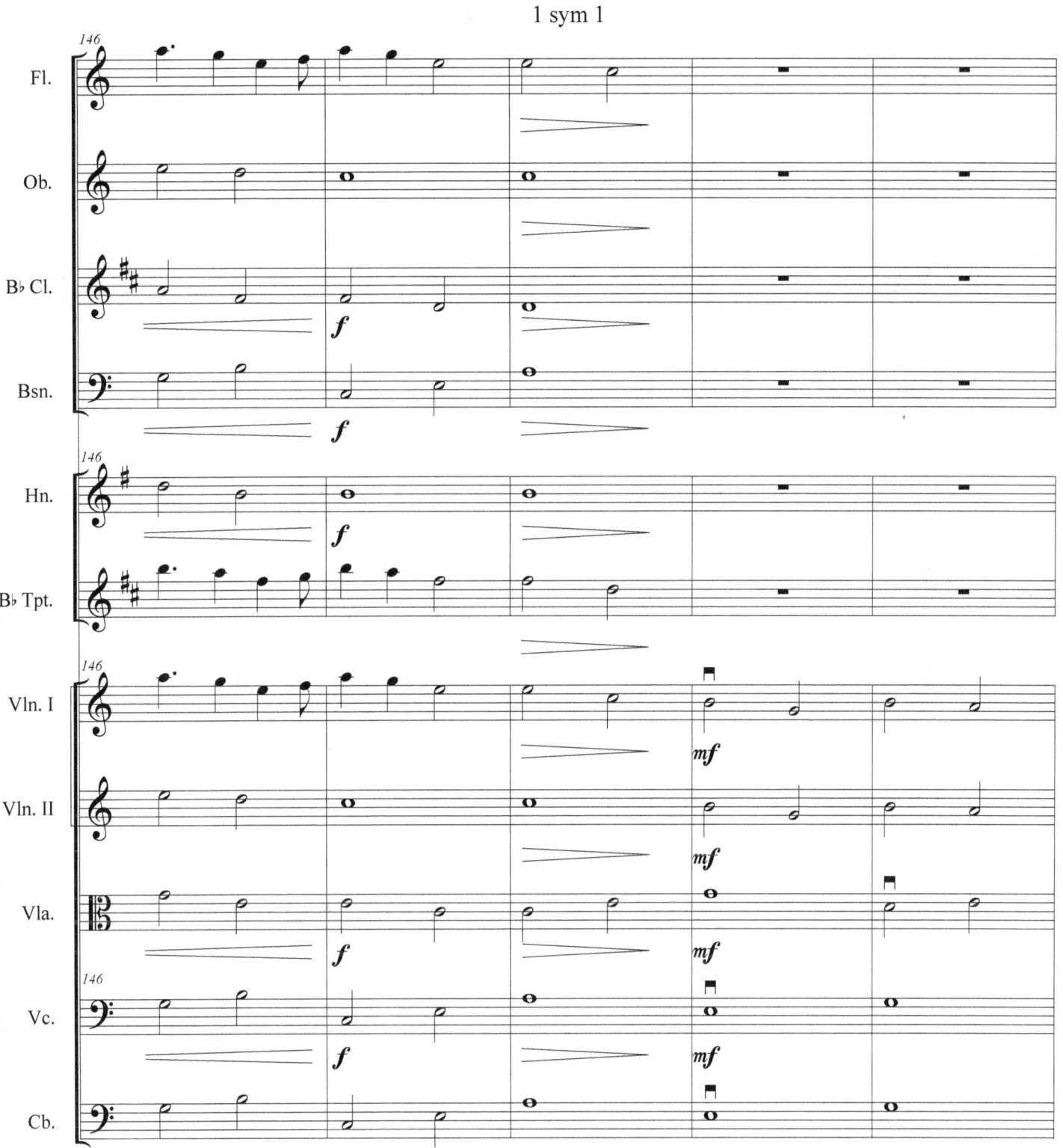

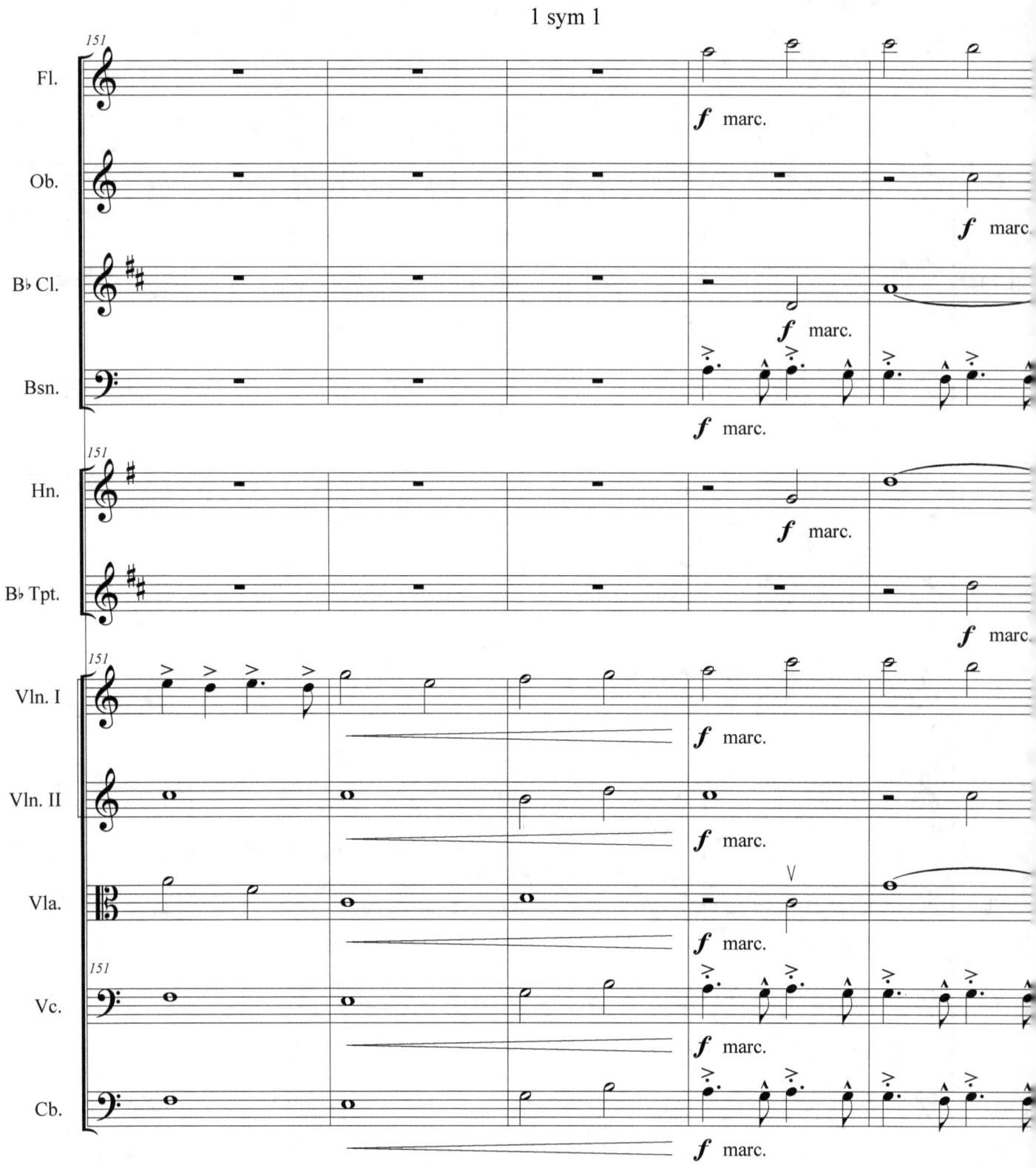

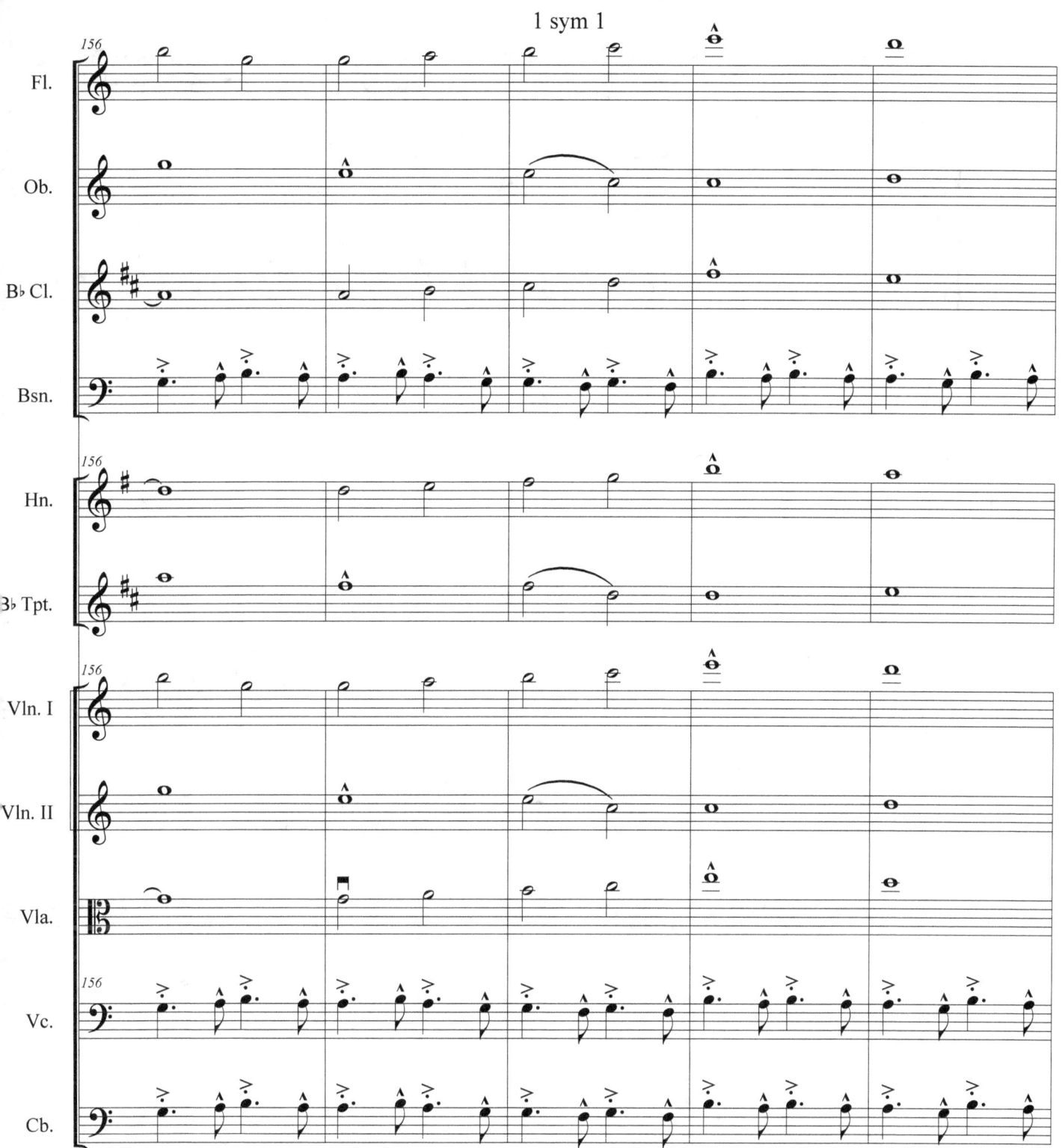

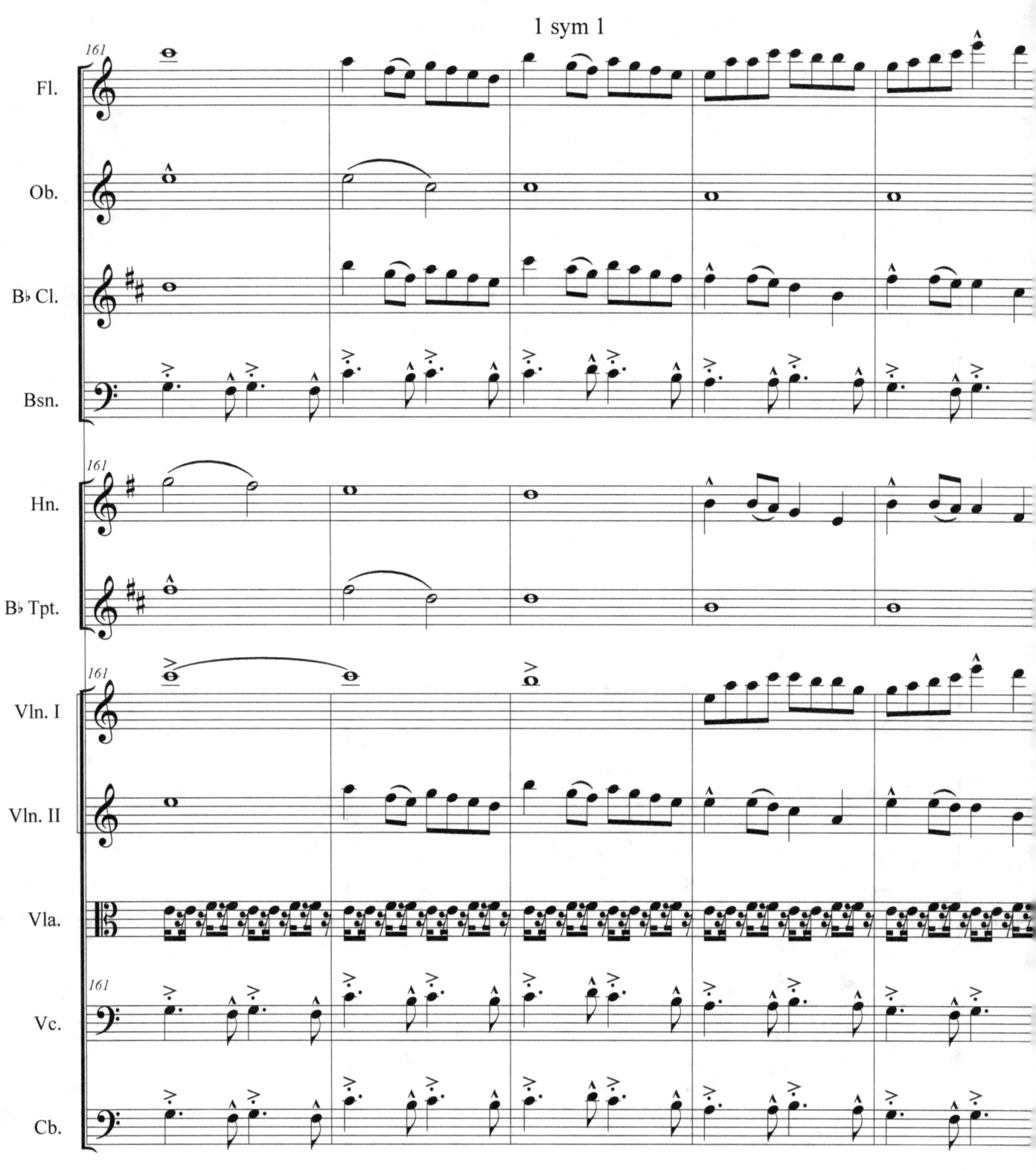

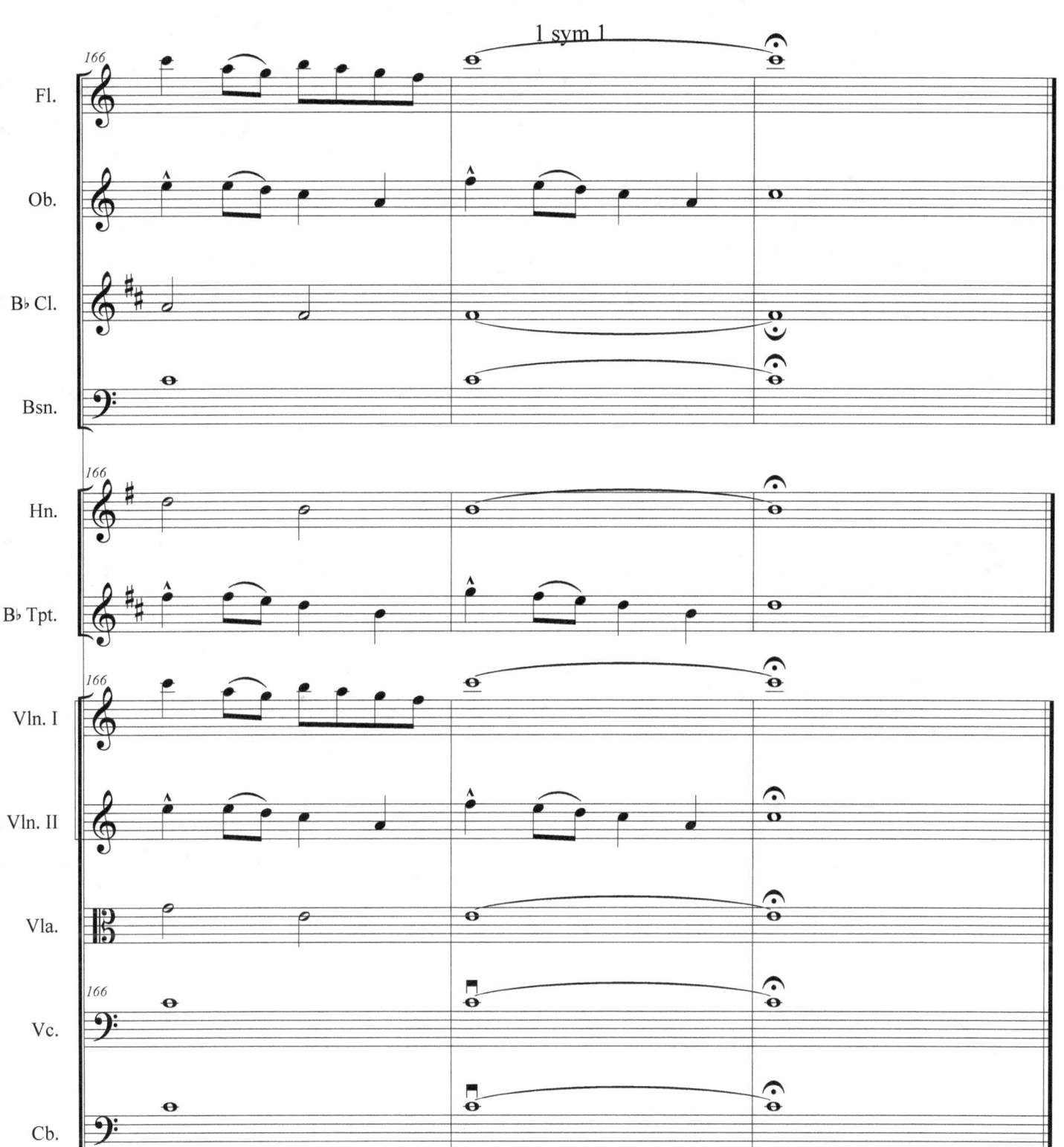

1 sym 1

Flute

Joost de Gro...

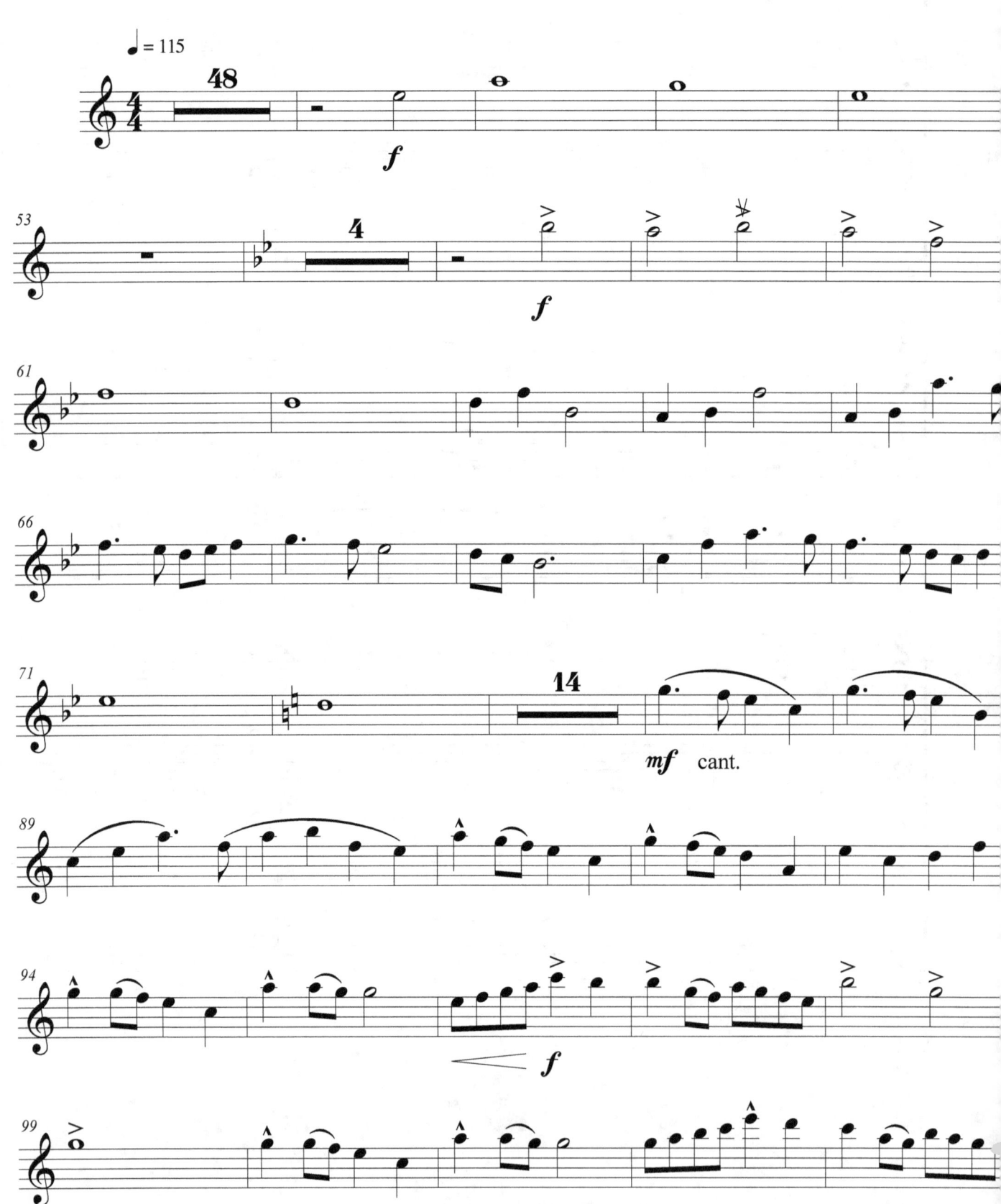

© 2015

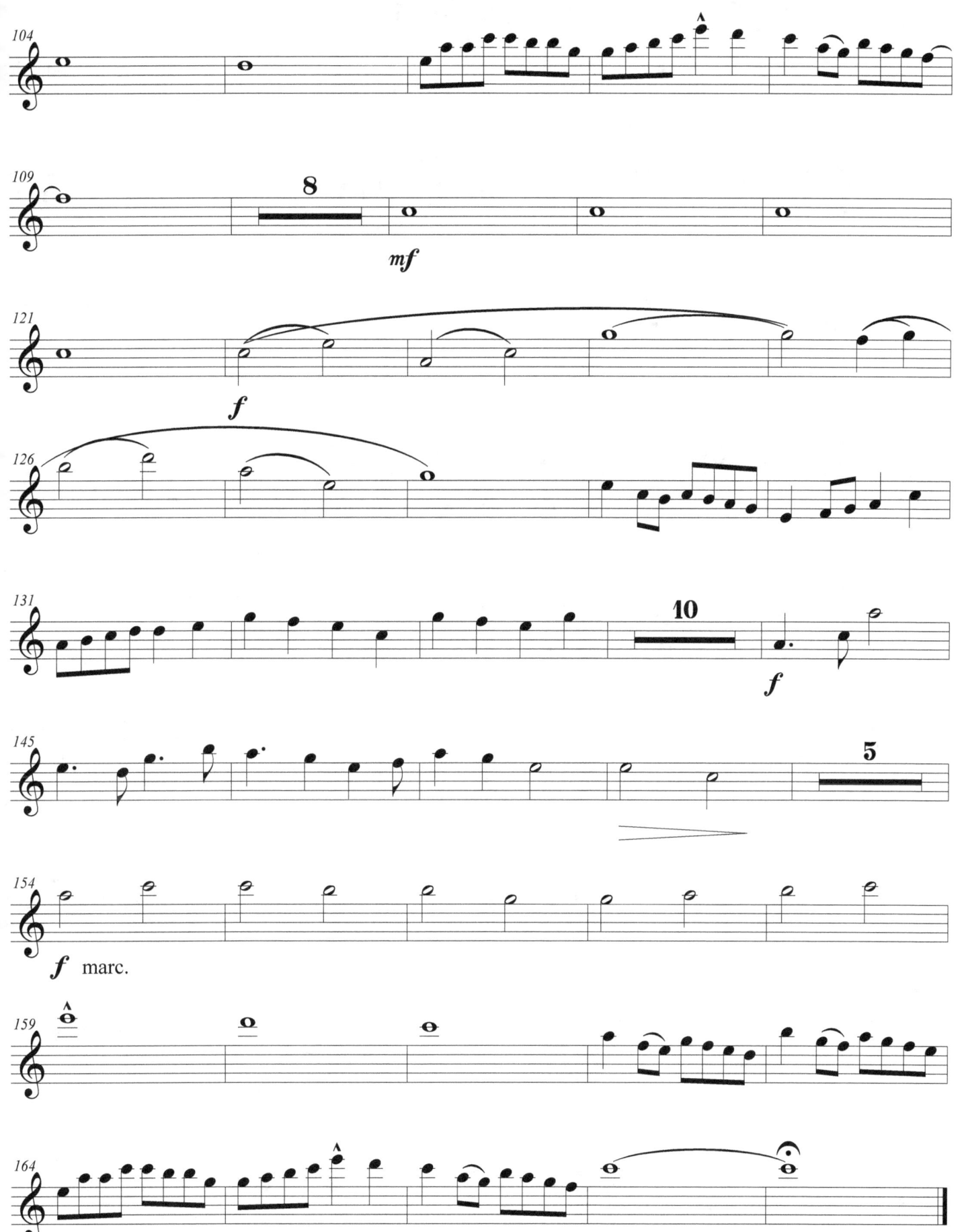

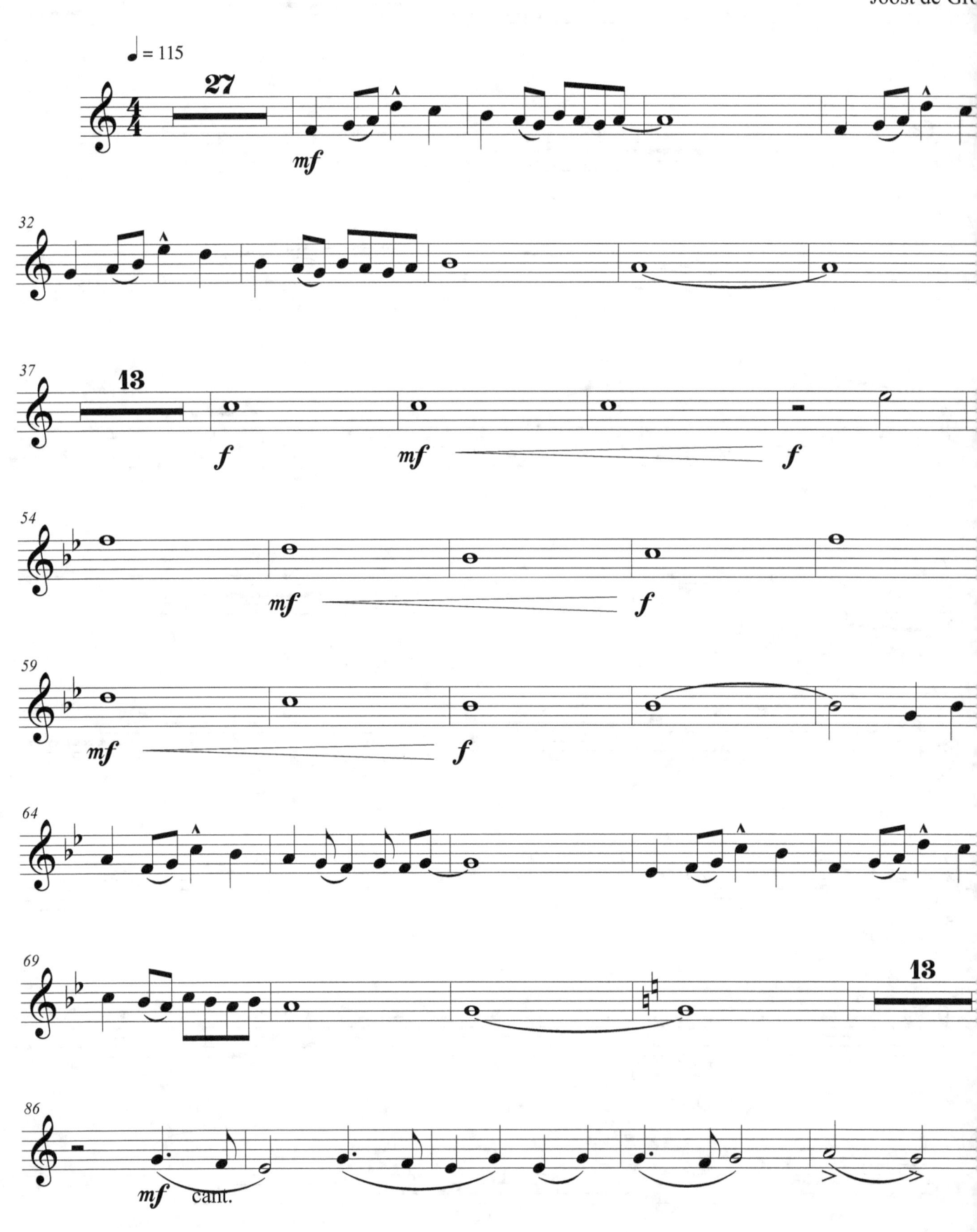

1 sym 1

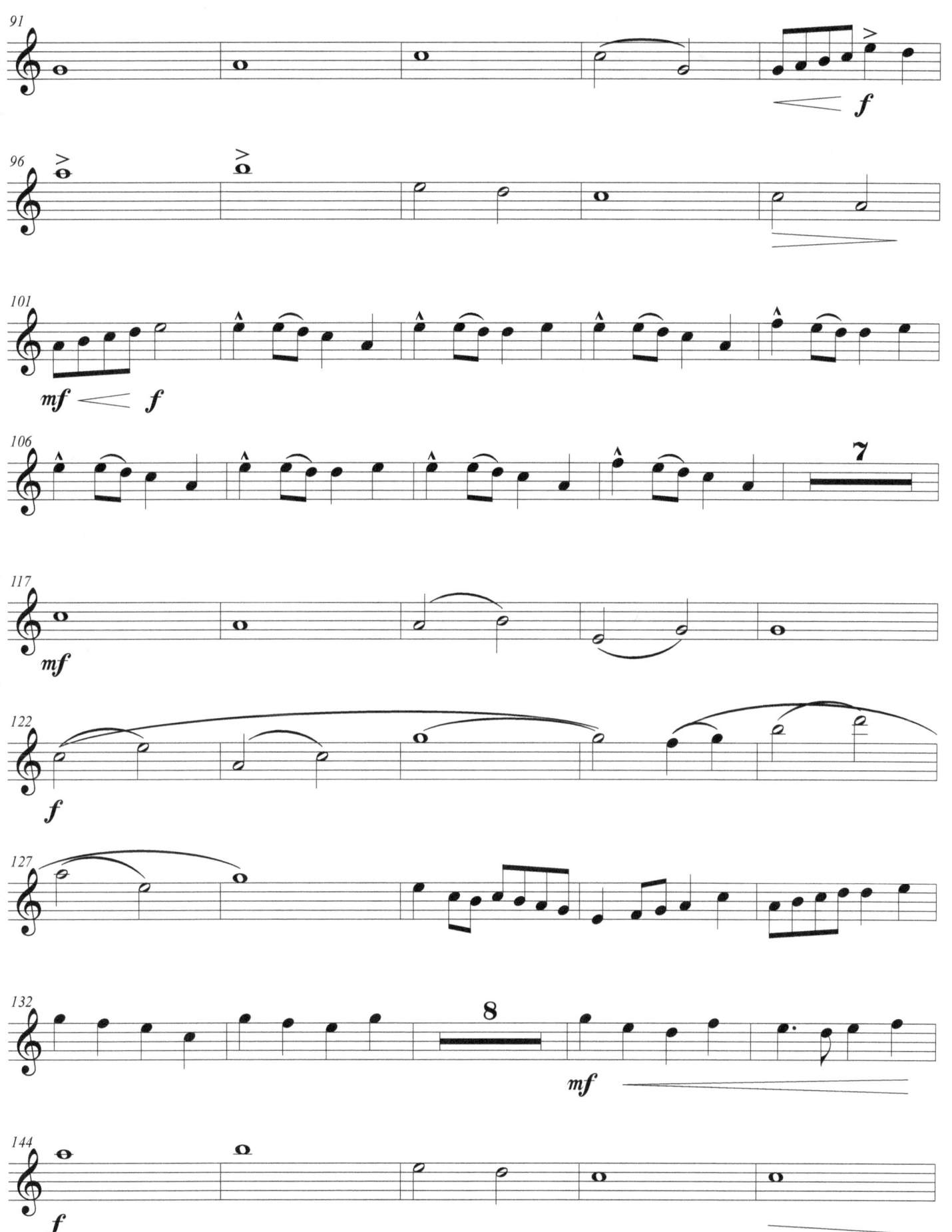

39

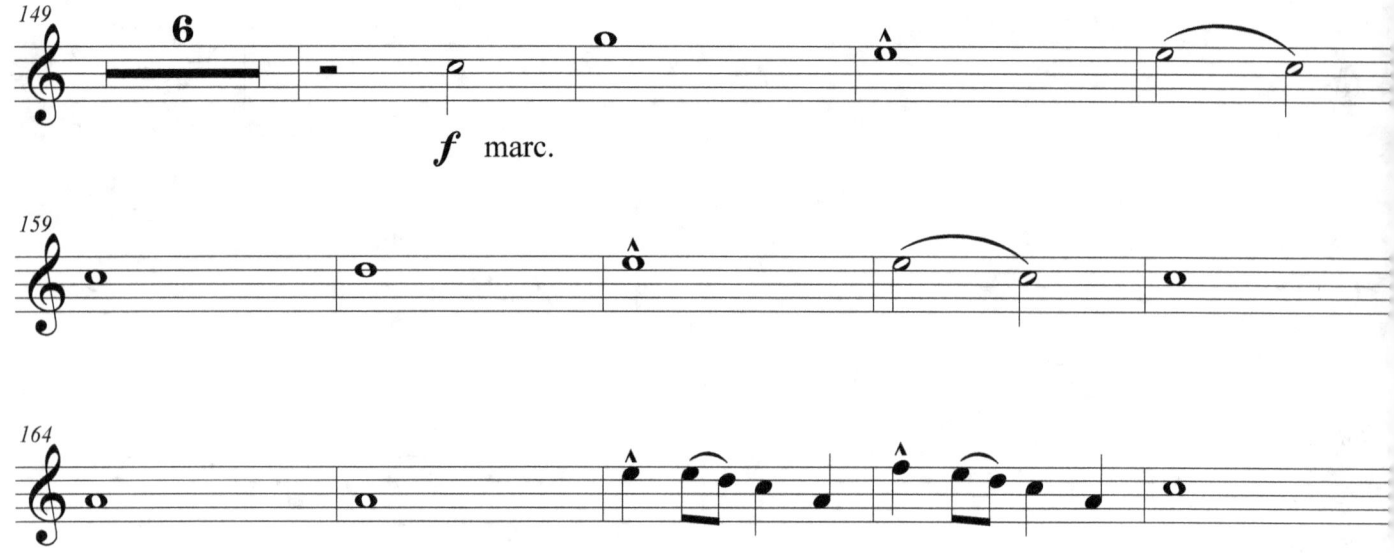

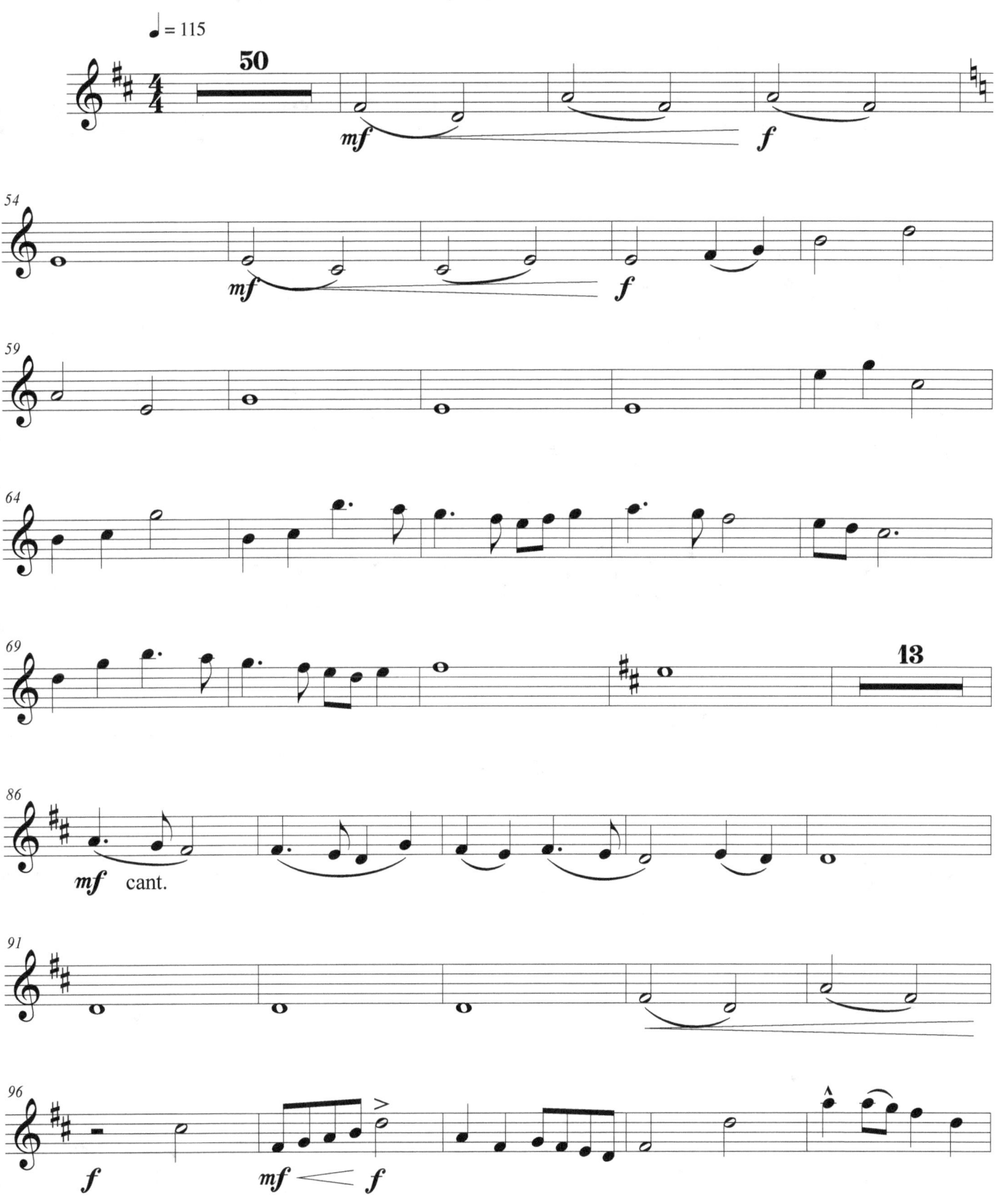

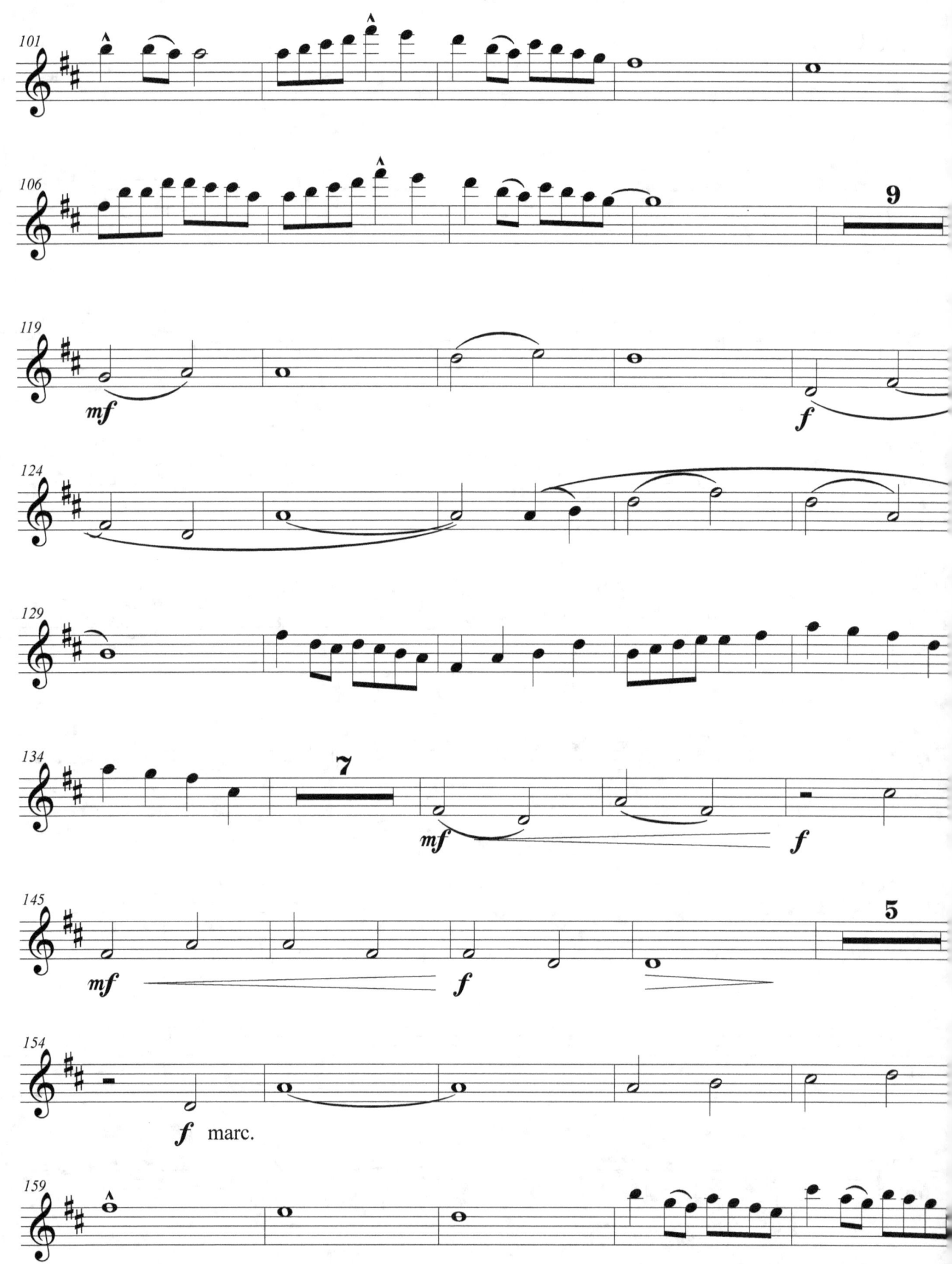

1 sym 1

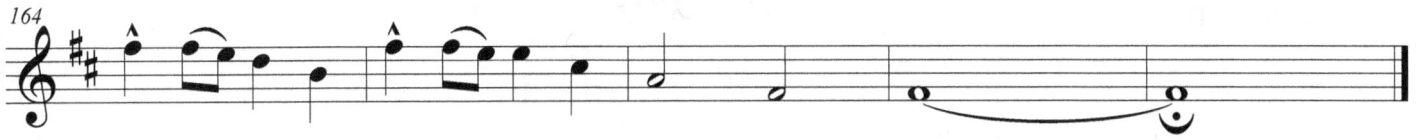

1 sym 1

Bassoon

Joost de Gro[...]

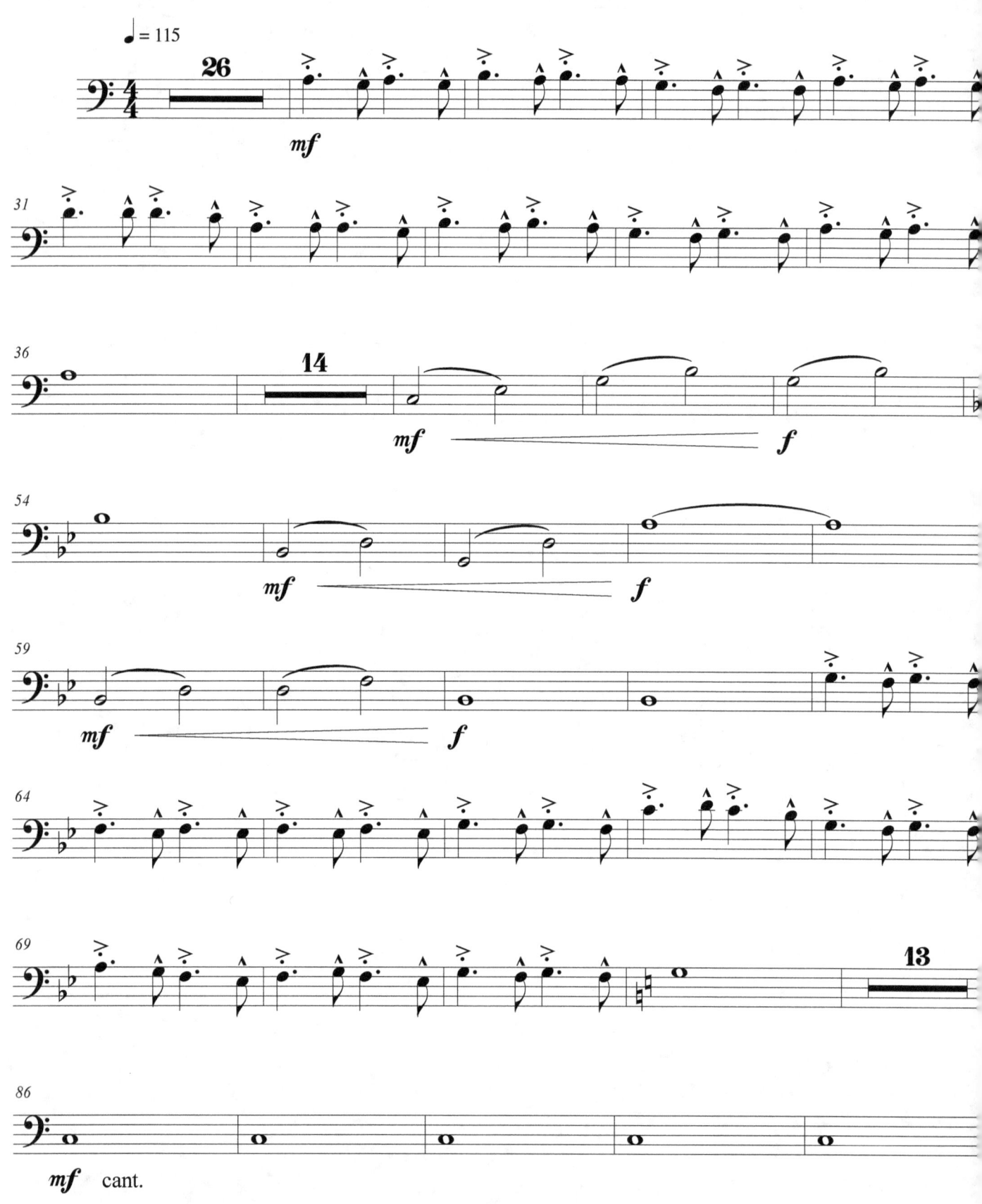

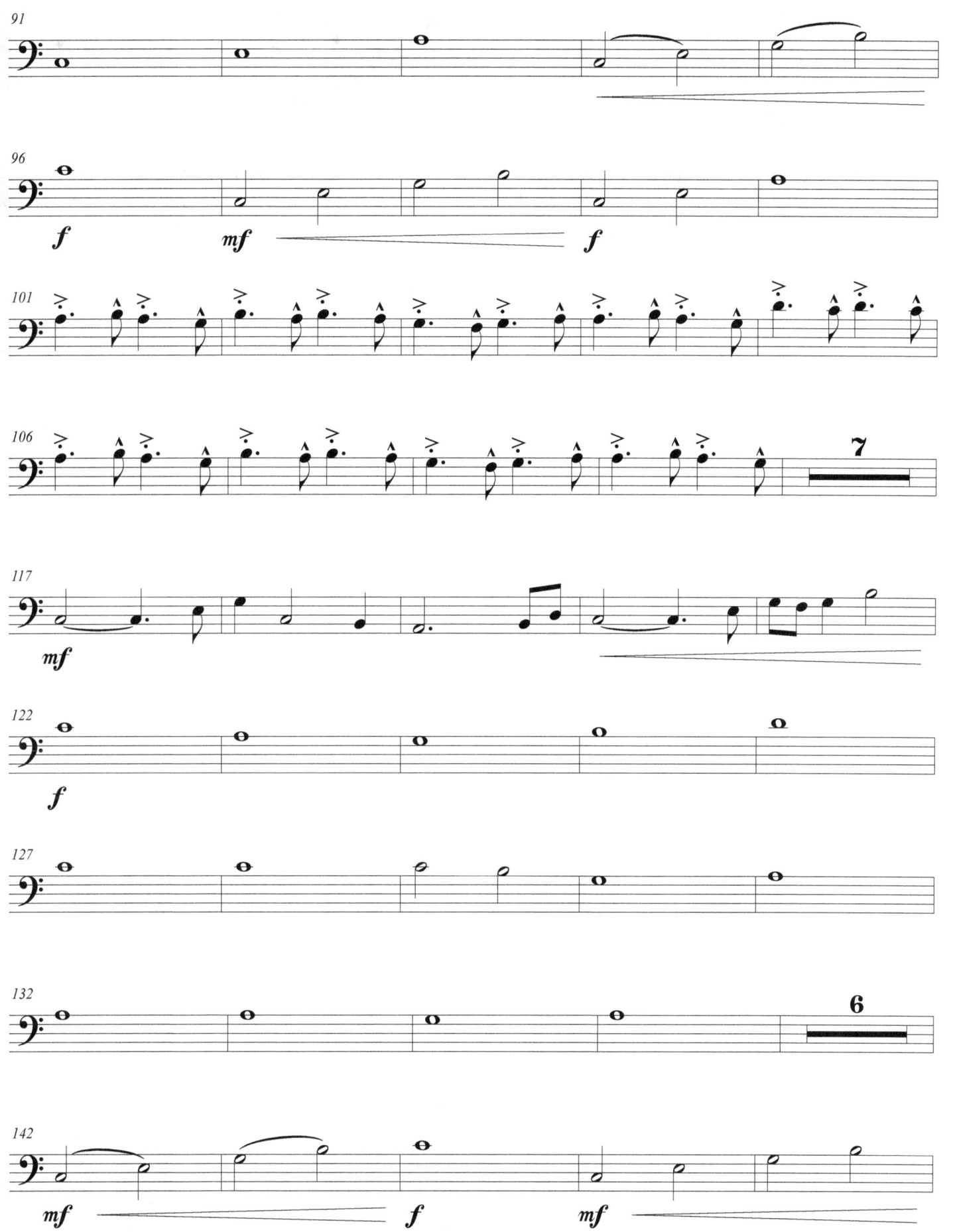

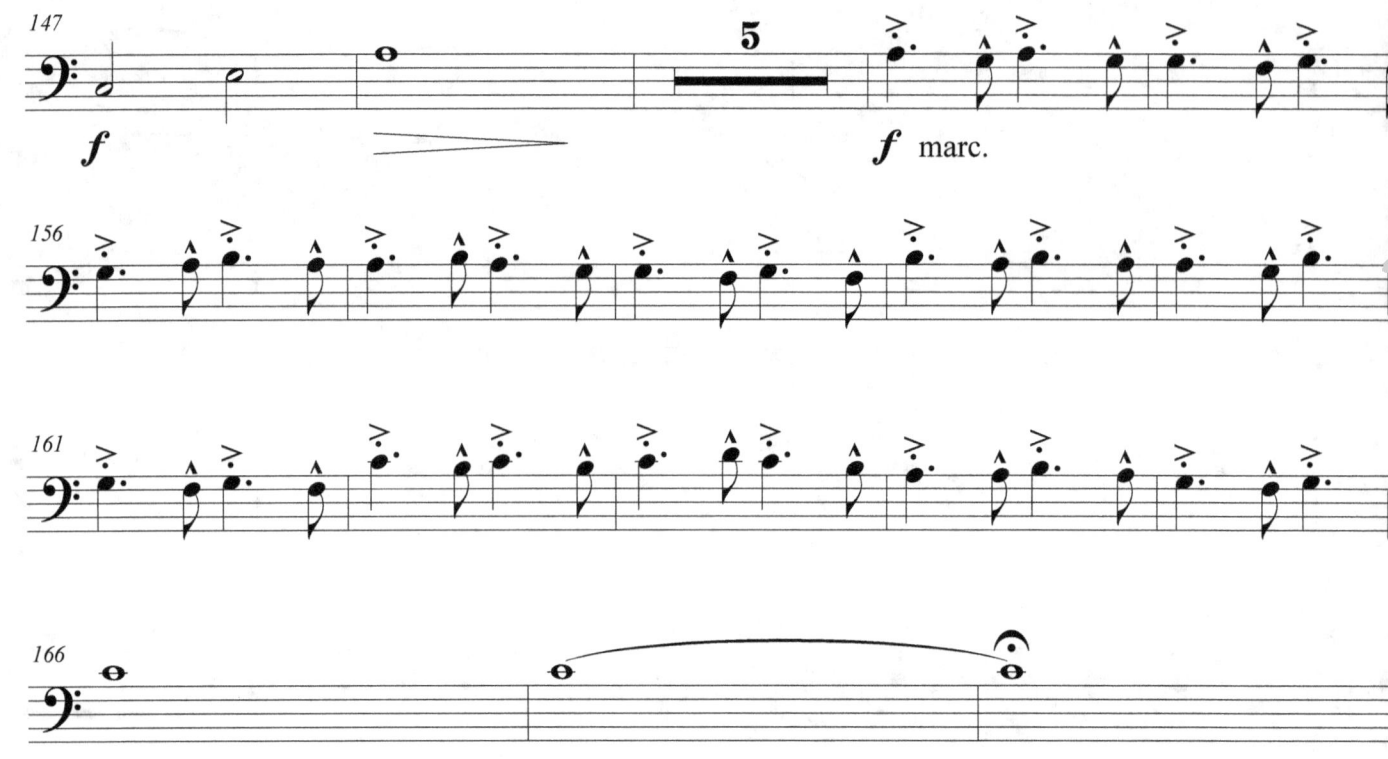

1 sym 1

F Horn

Joost de Groot

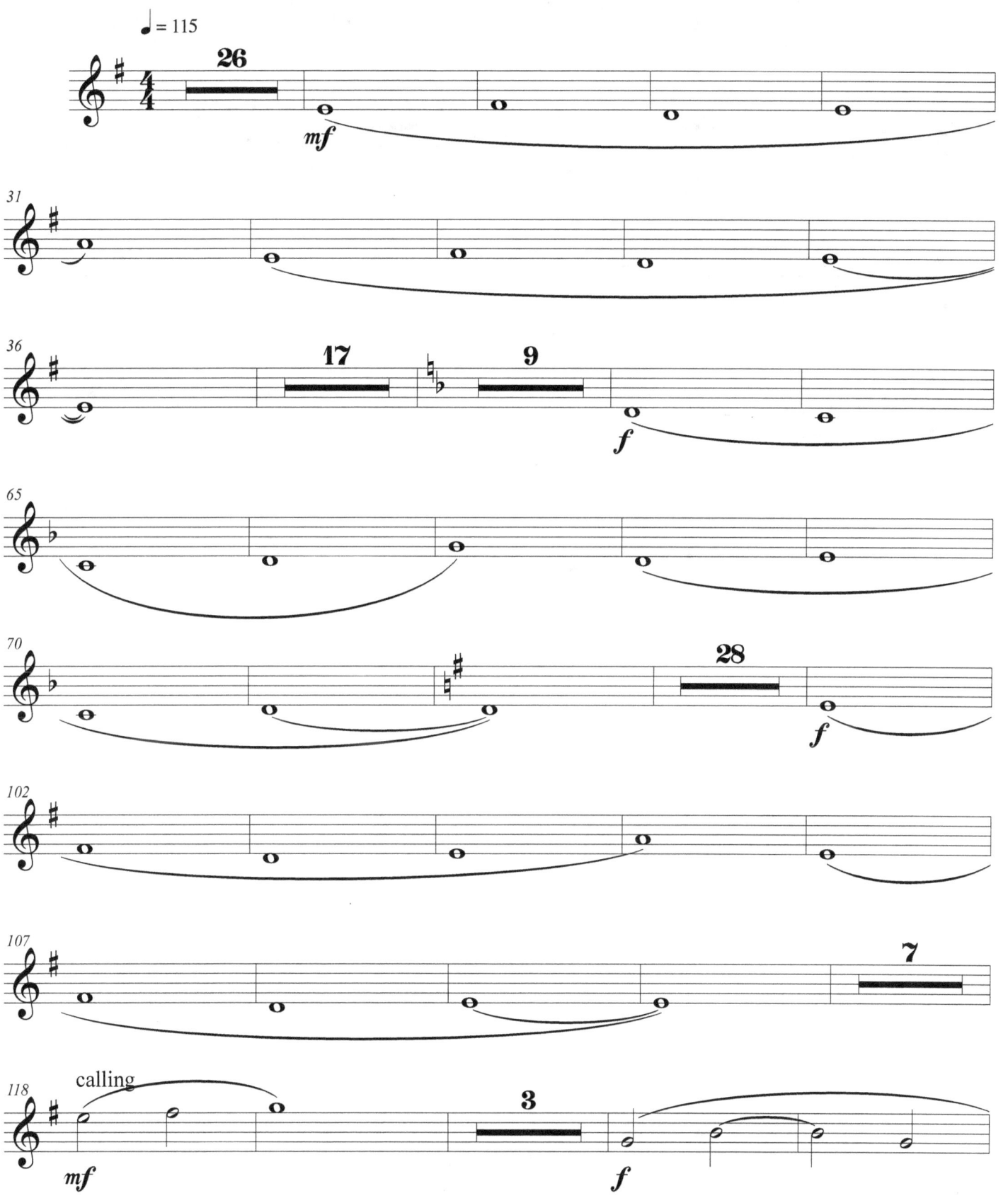

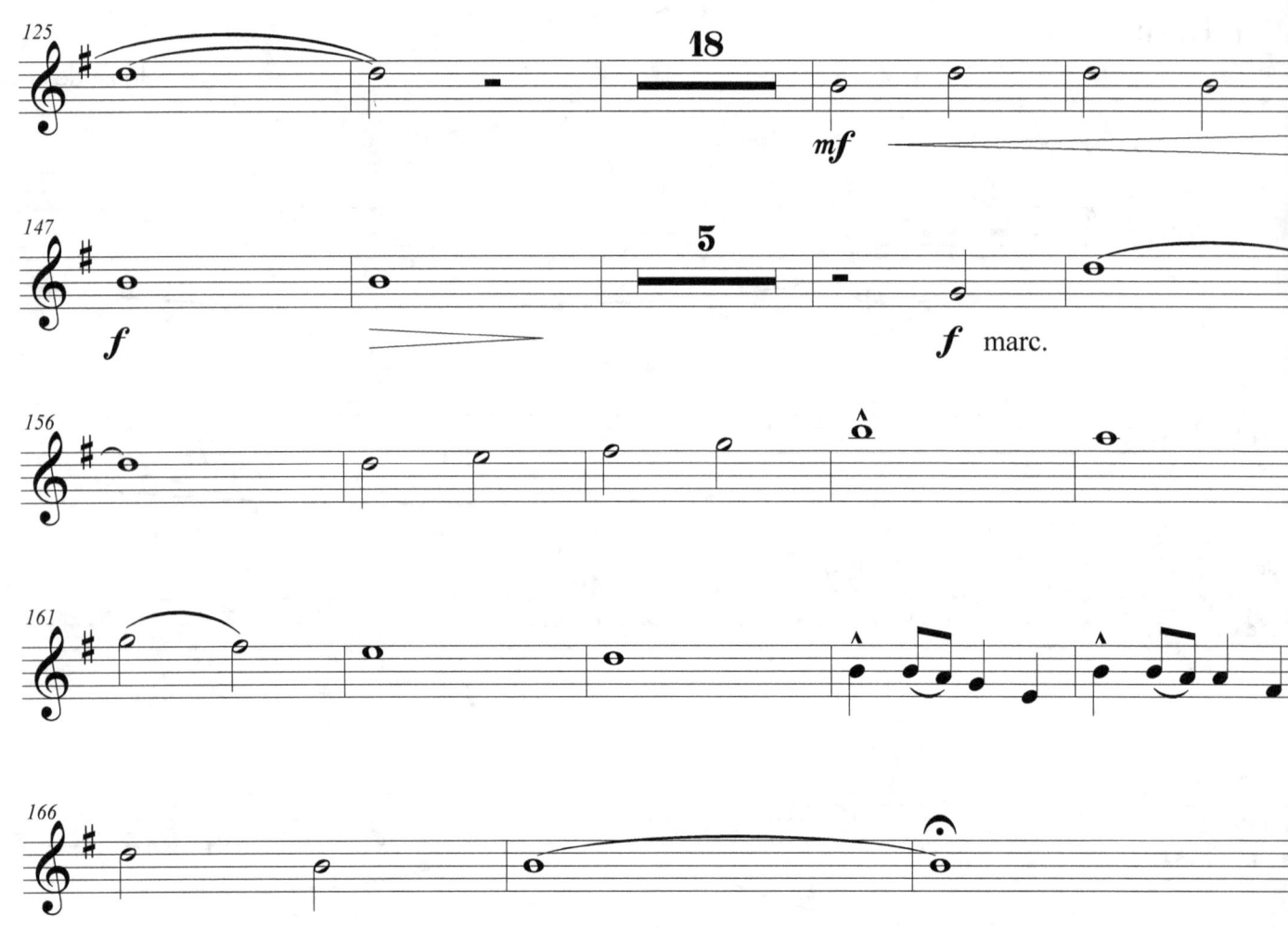

1 sym 1

Bes Trumpet

Joost de Groot

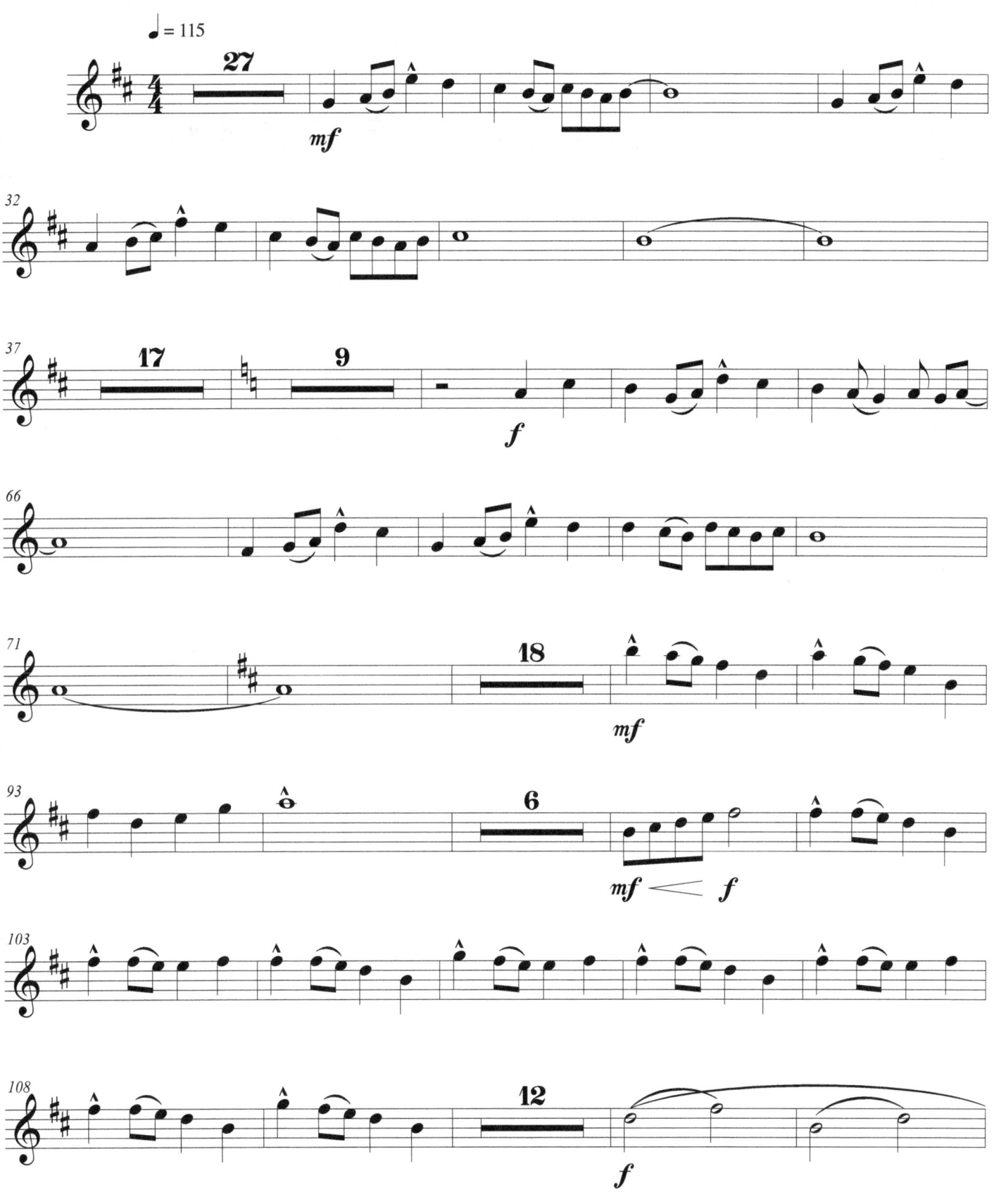

© 2015

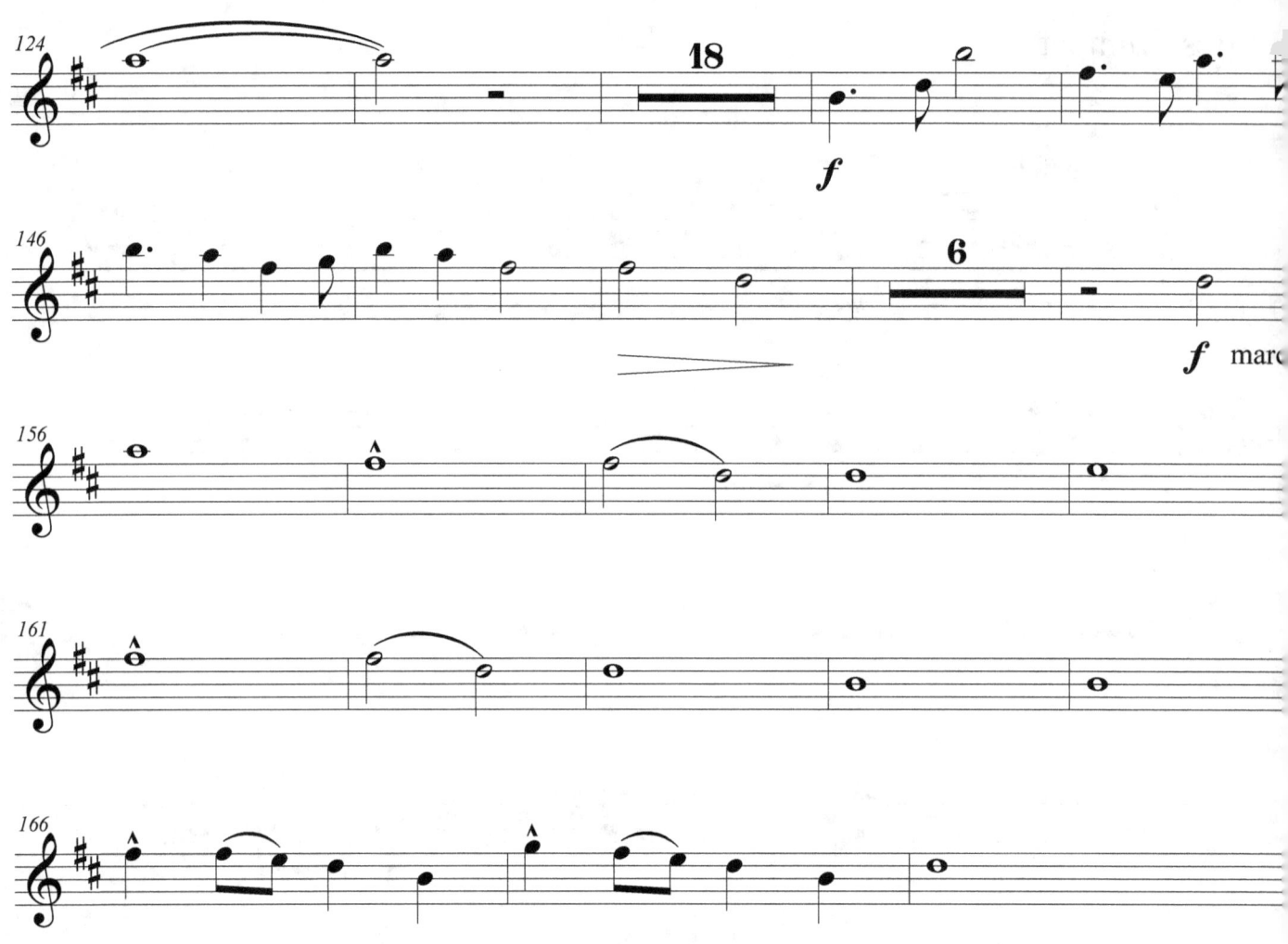

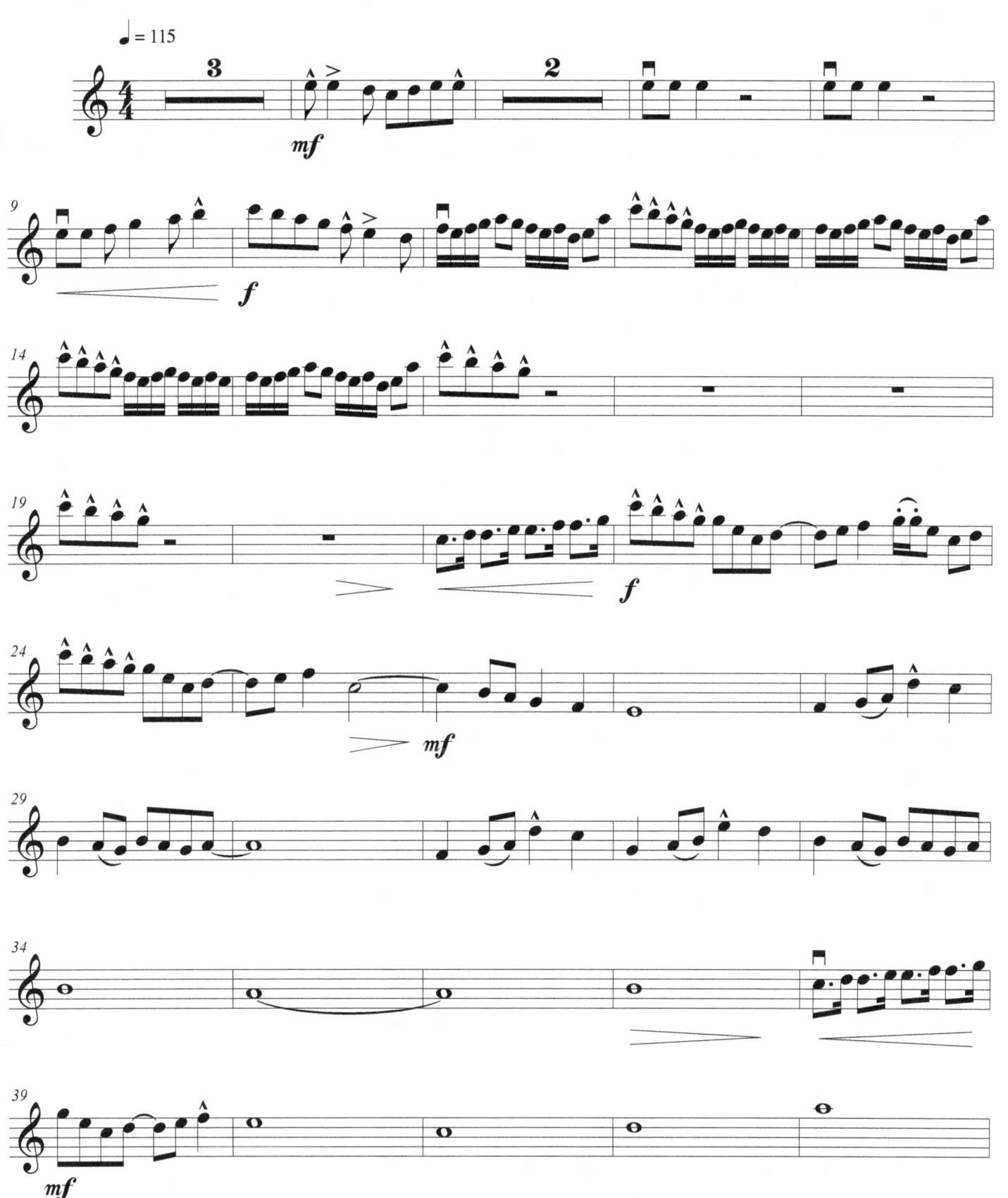

1 sym 1

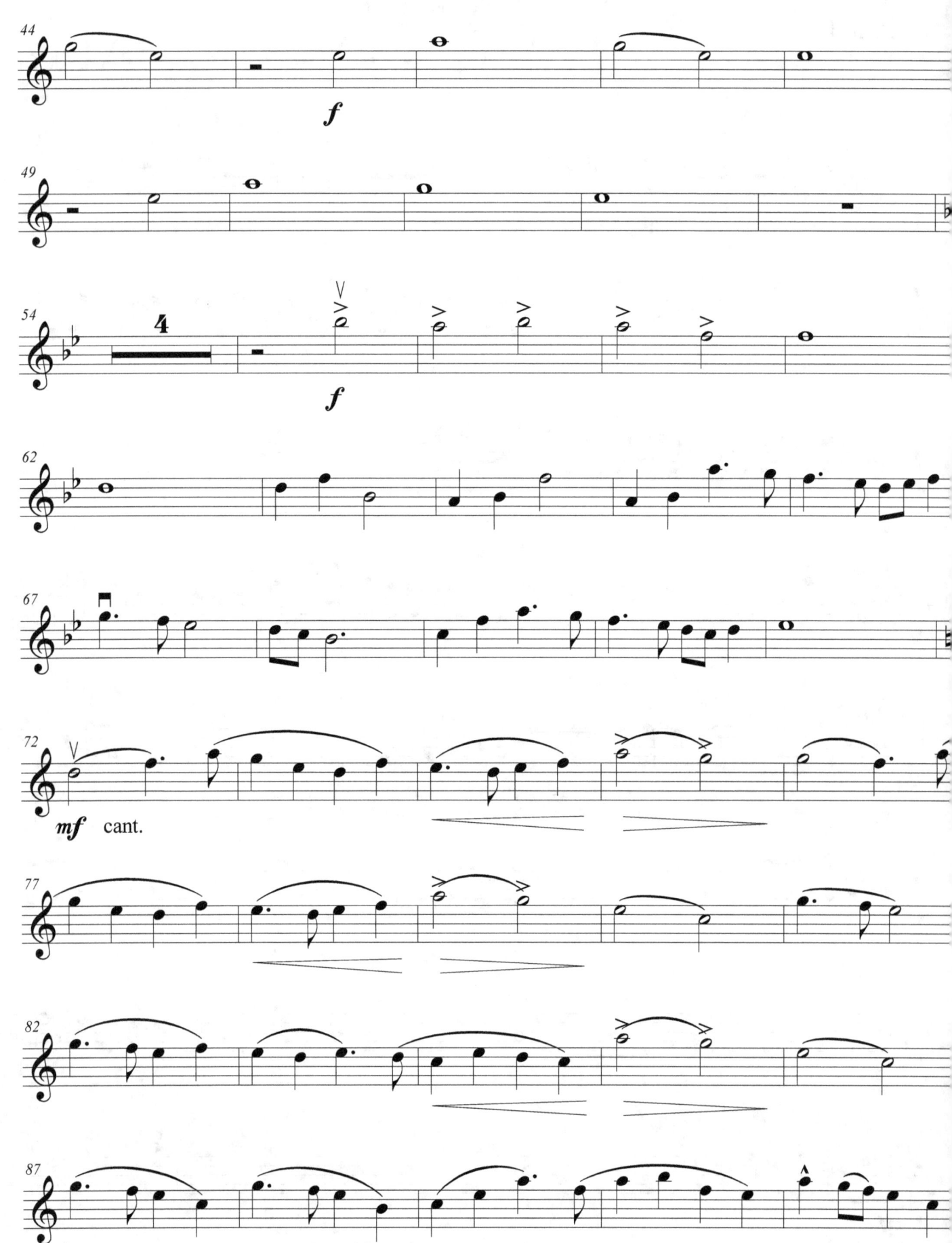

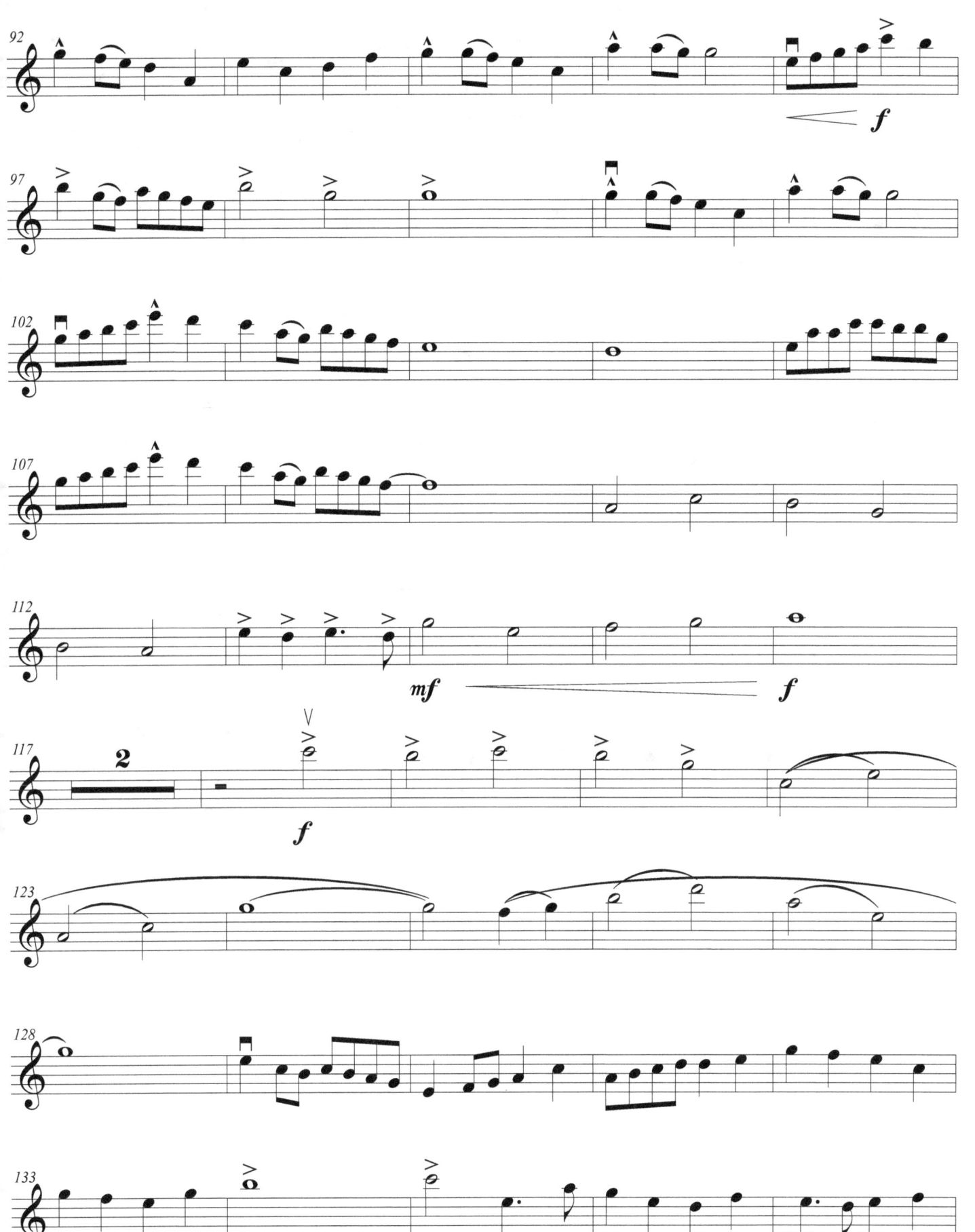

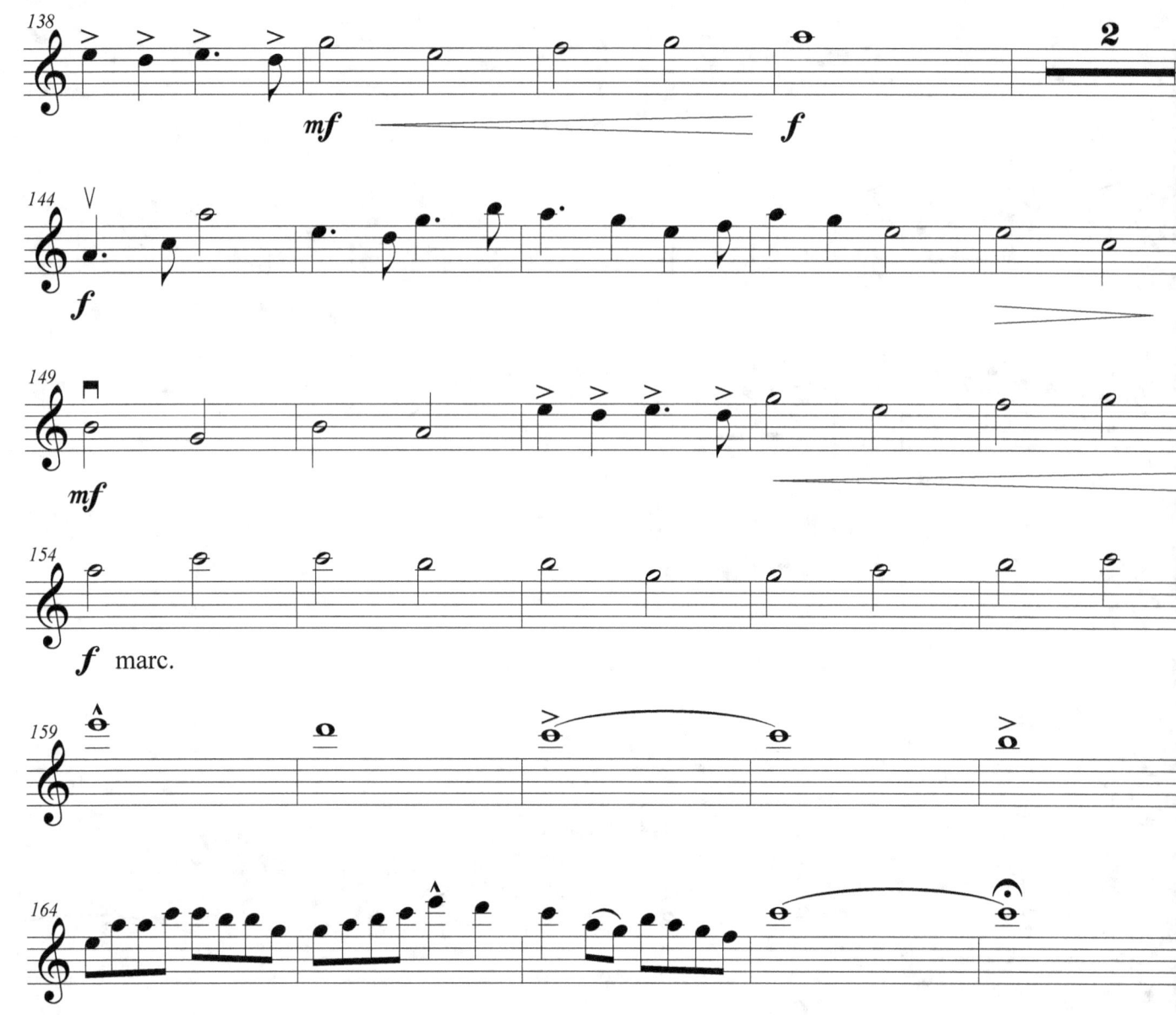

1 sym 1

Violin II

Joost de Groot

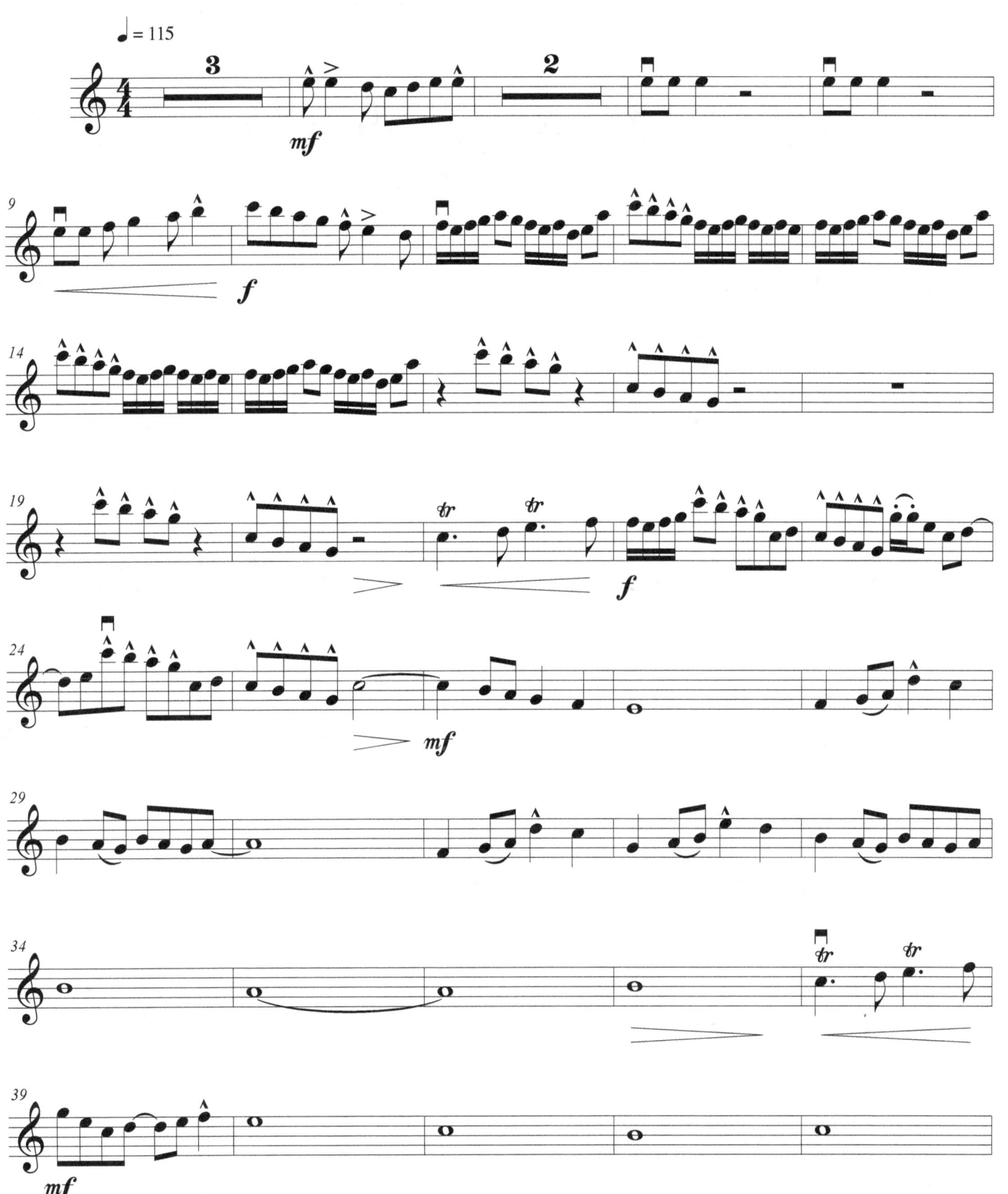

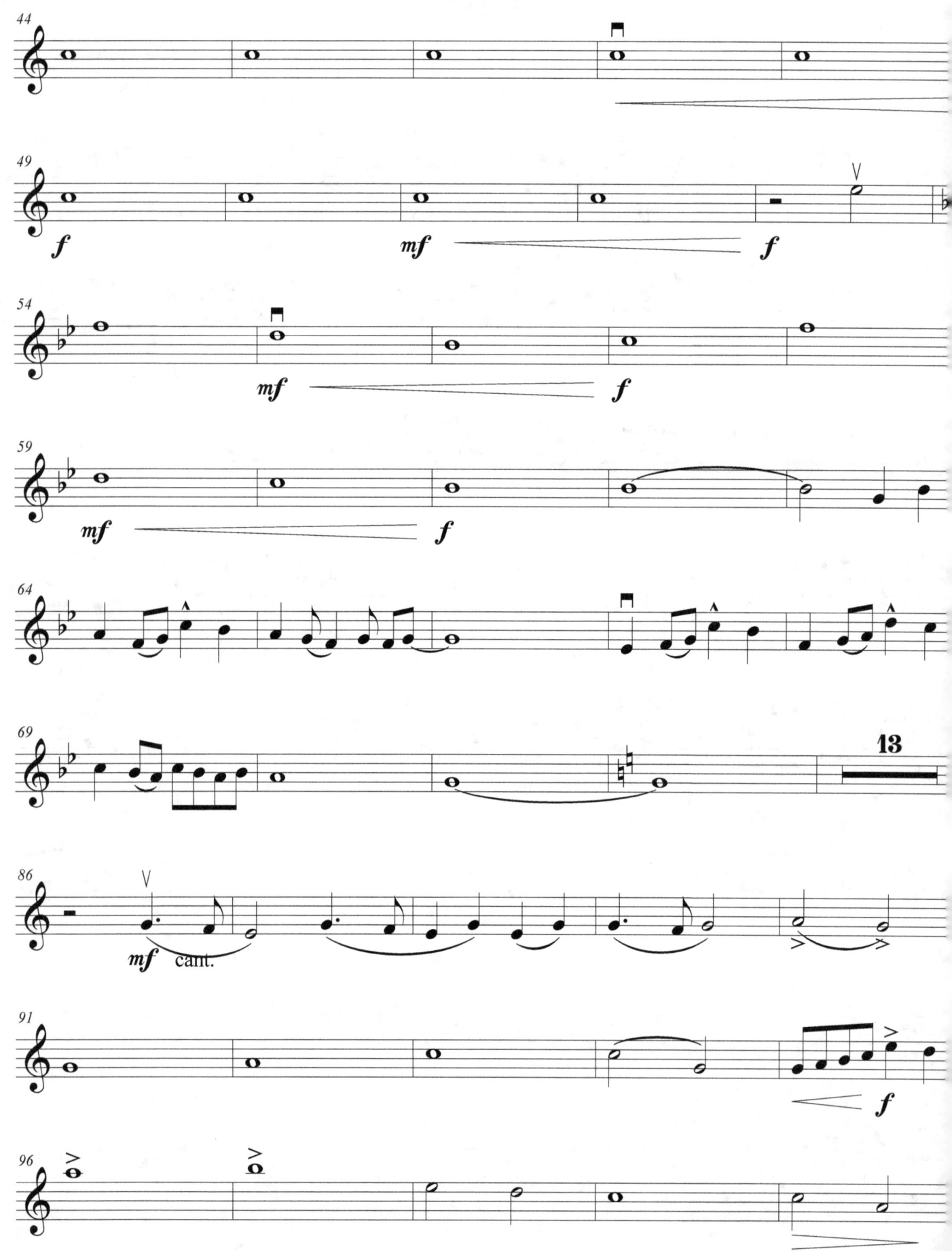

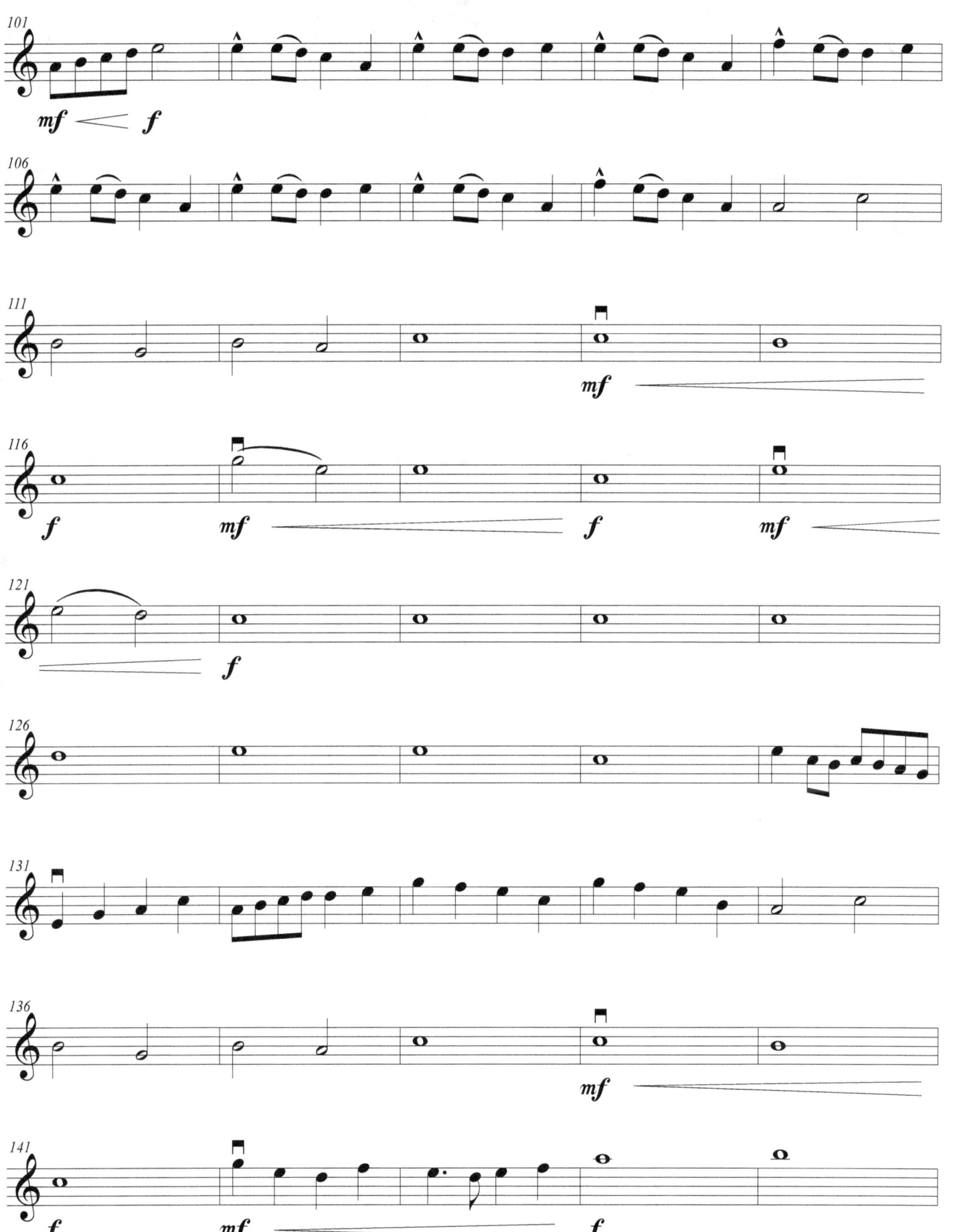

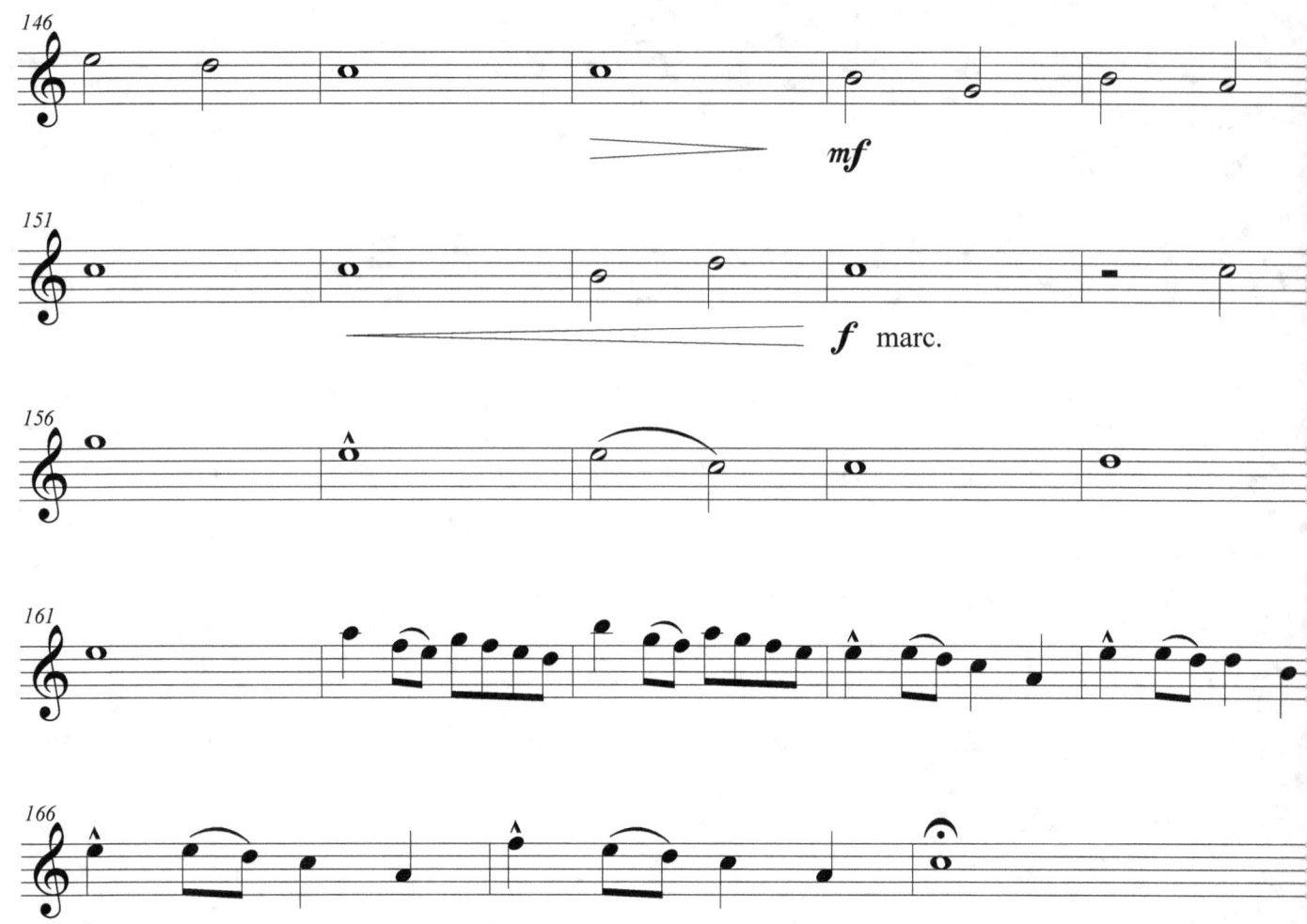

1 sym 1

Viola

Joost de Groot

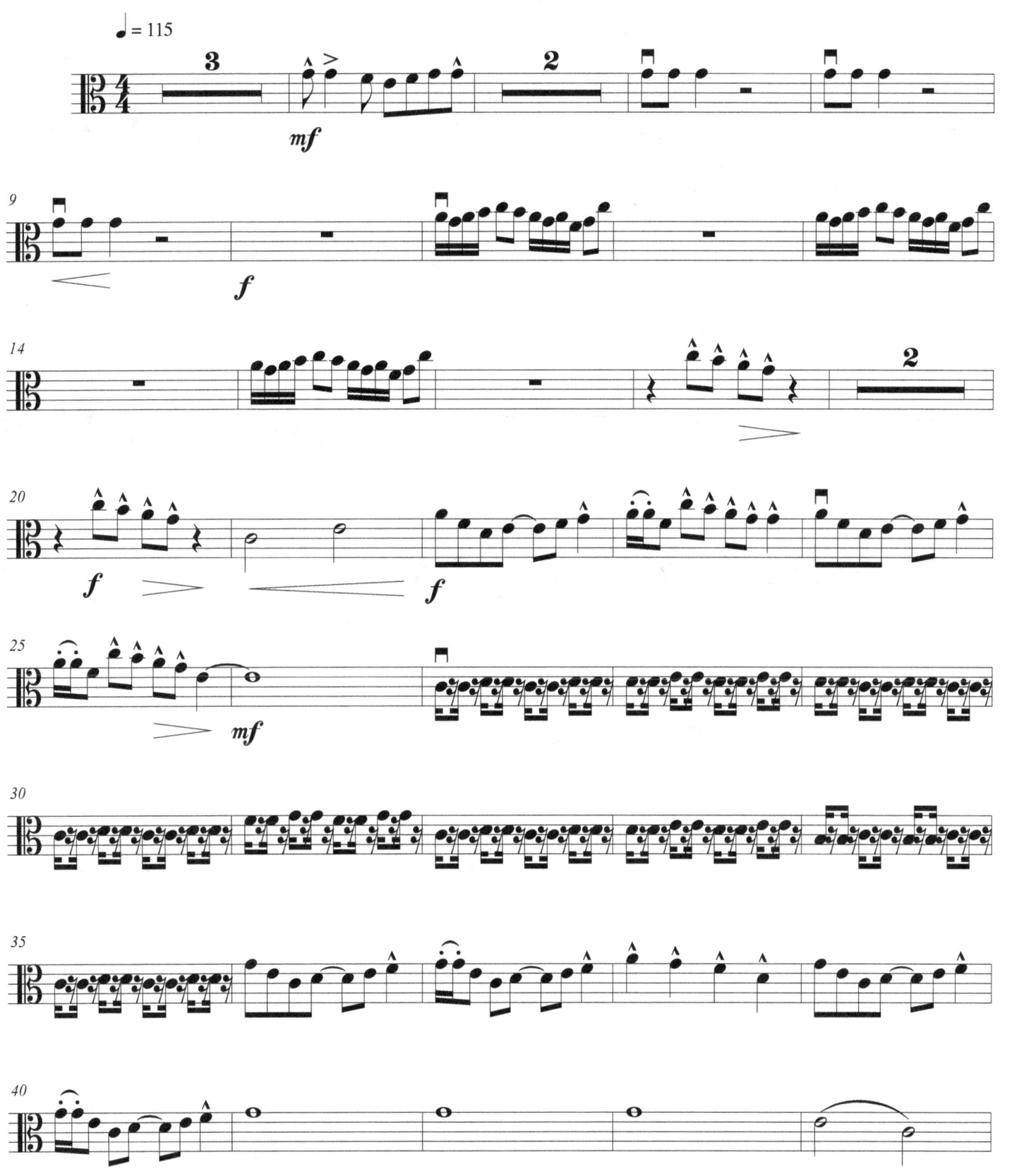

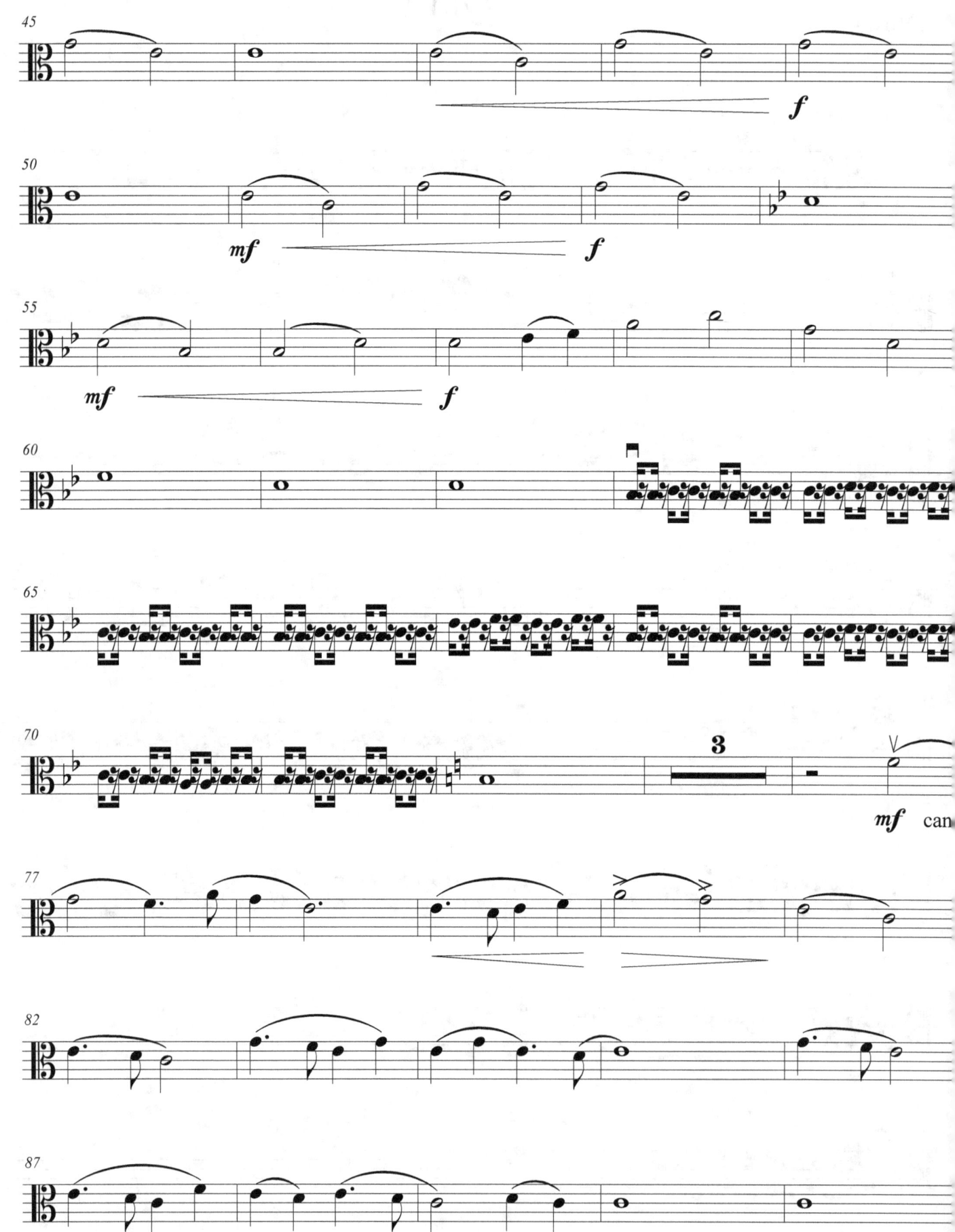

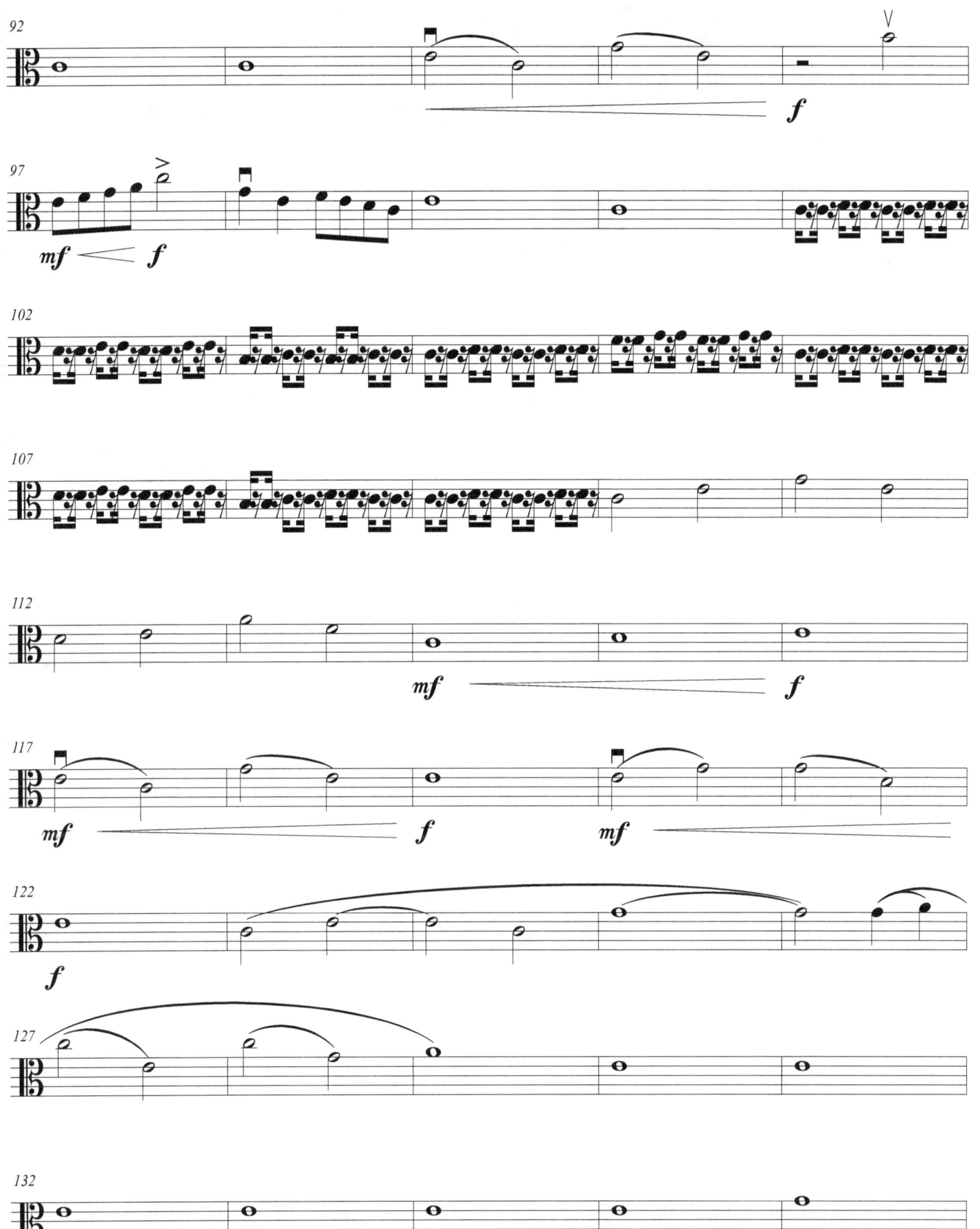

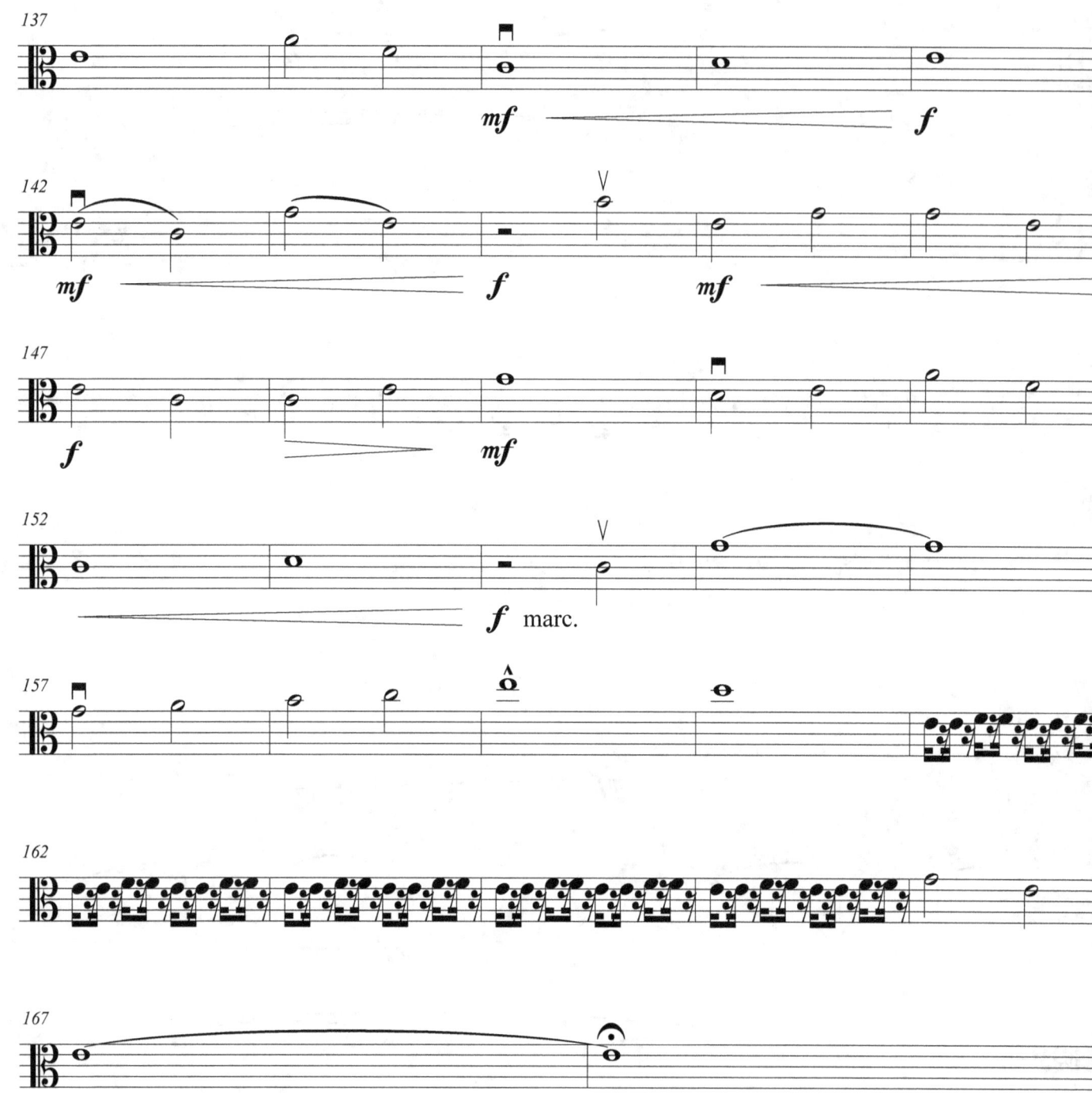

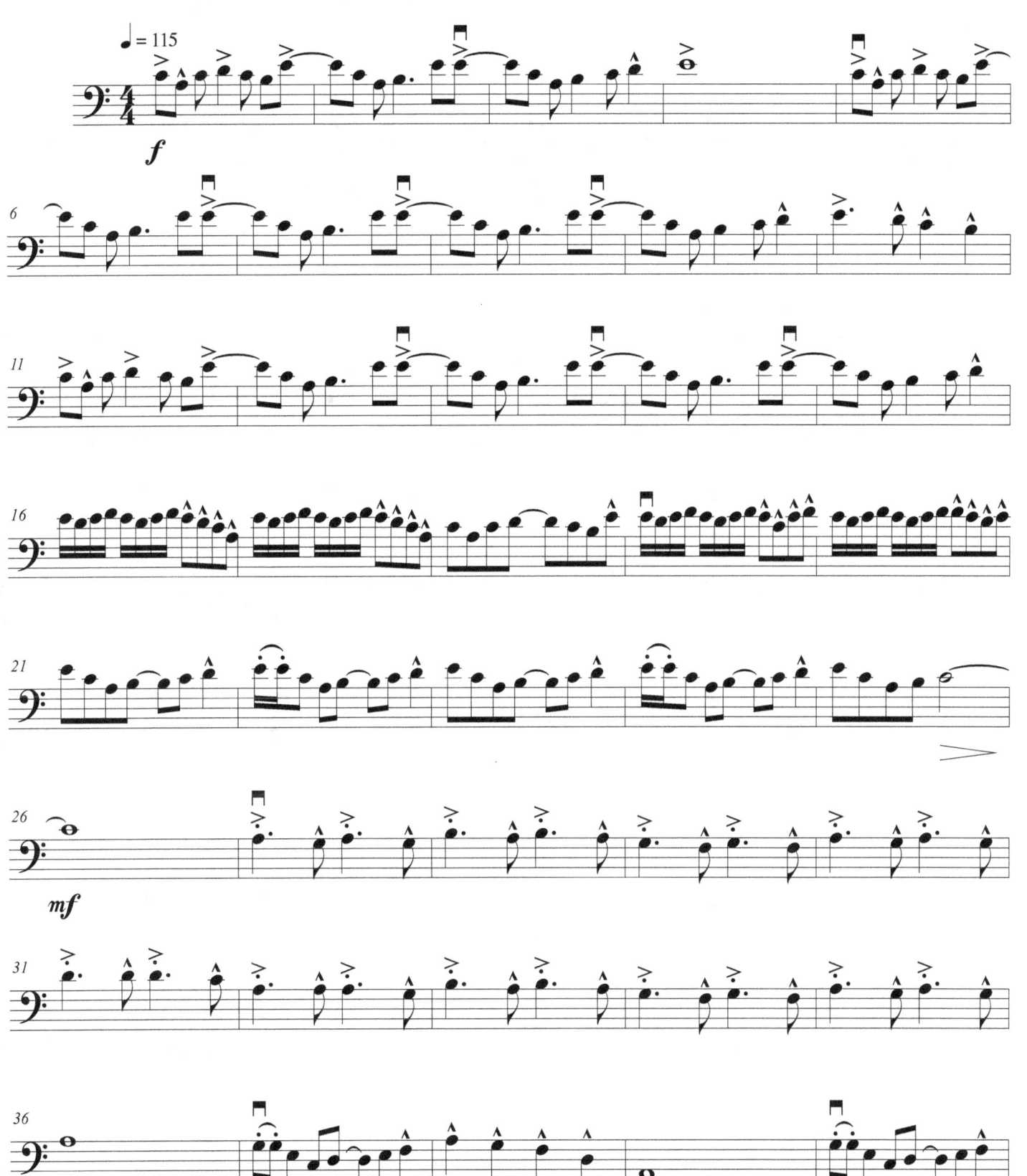

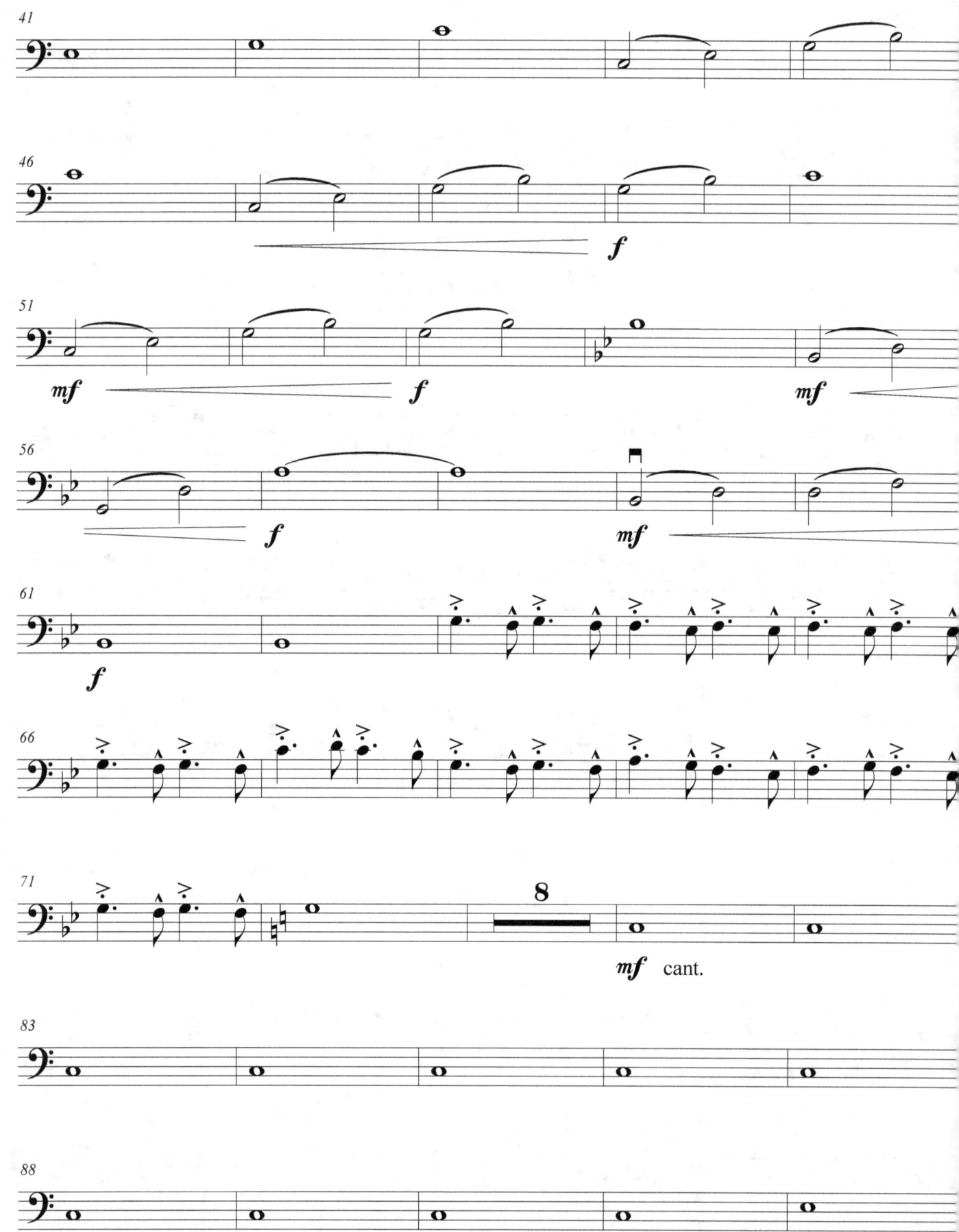

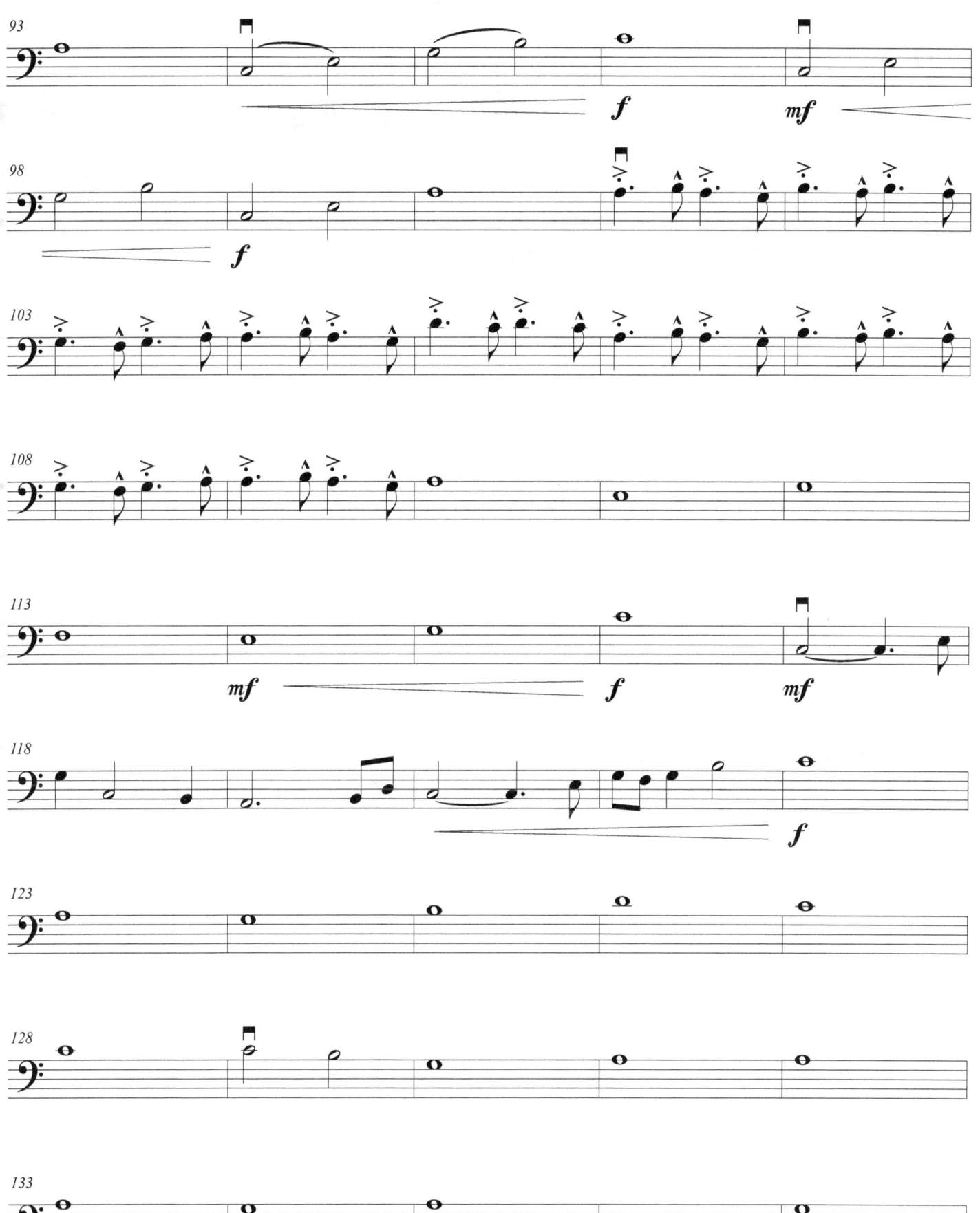

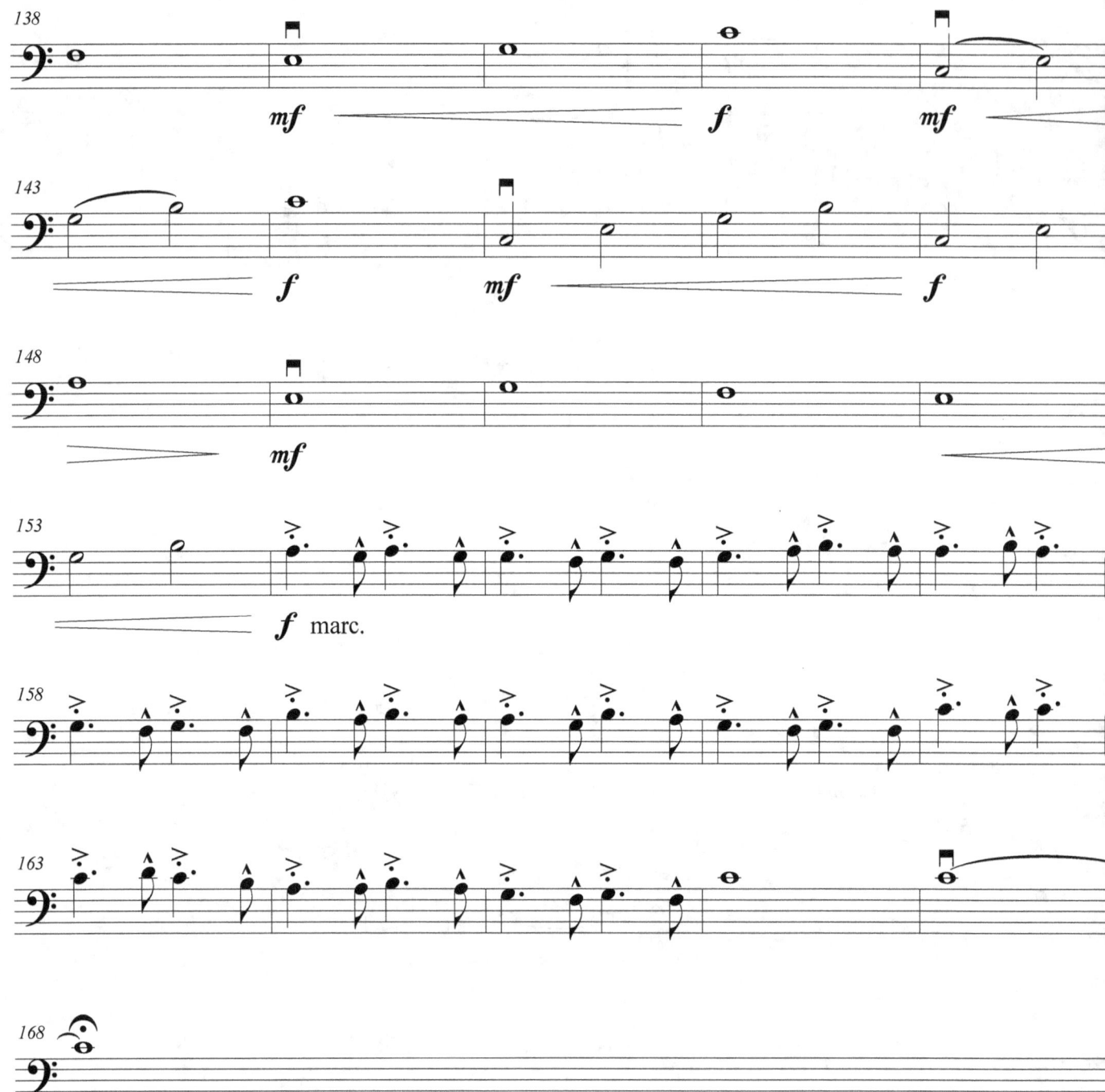

1 sym 1

Contrabass

Joost de Groot

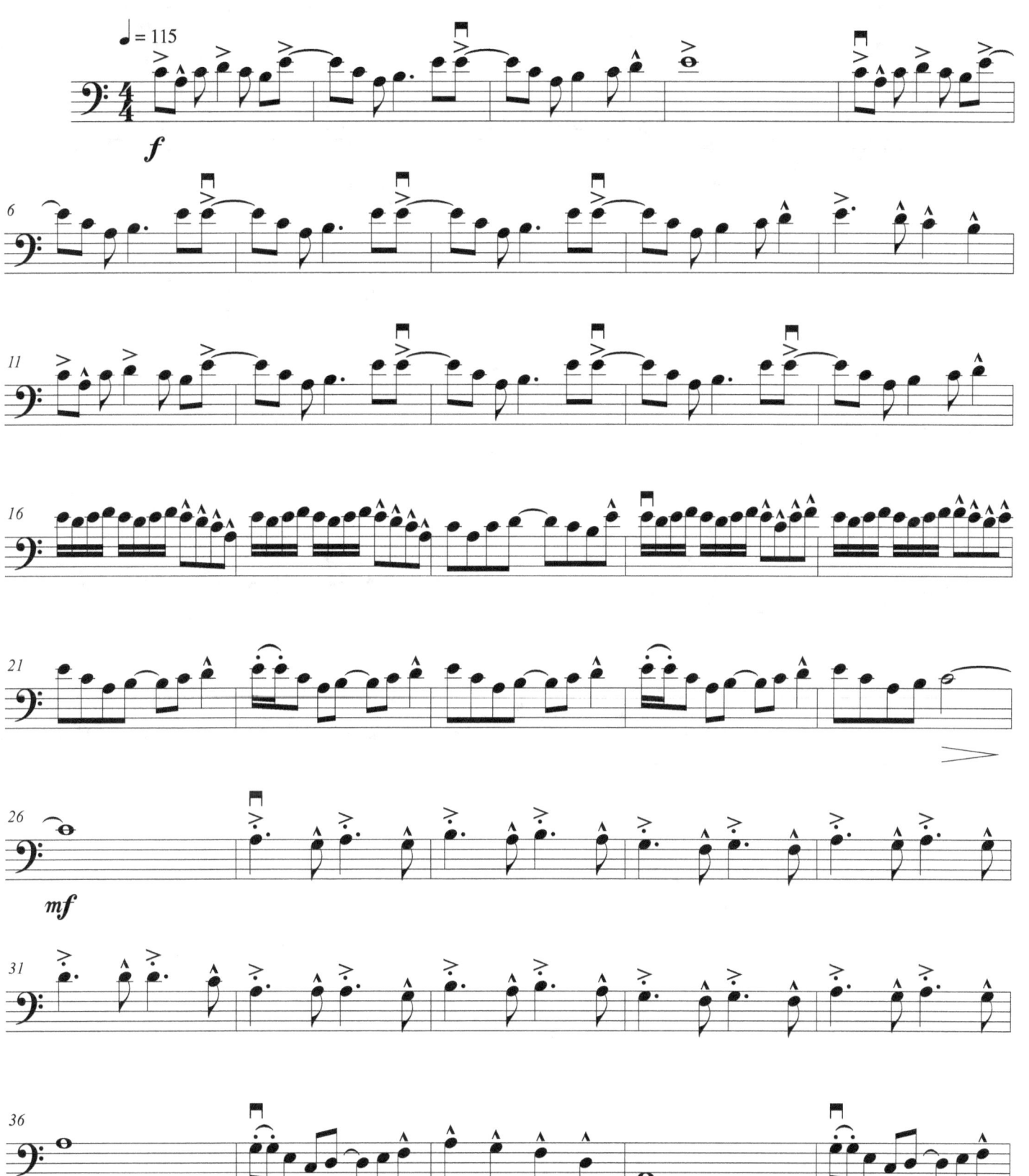

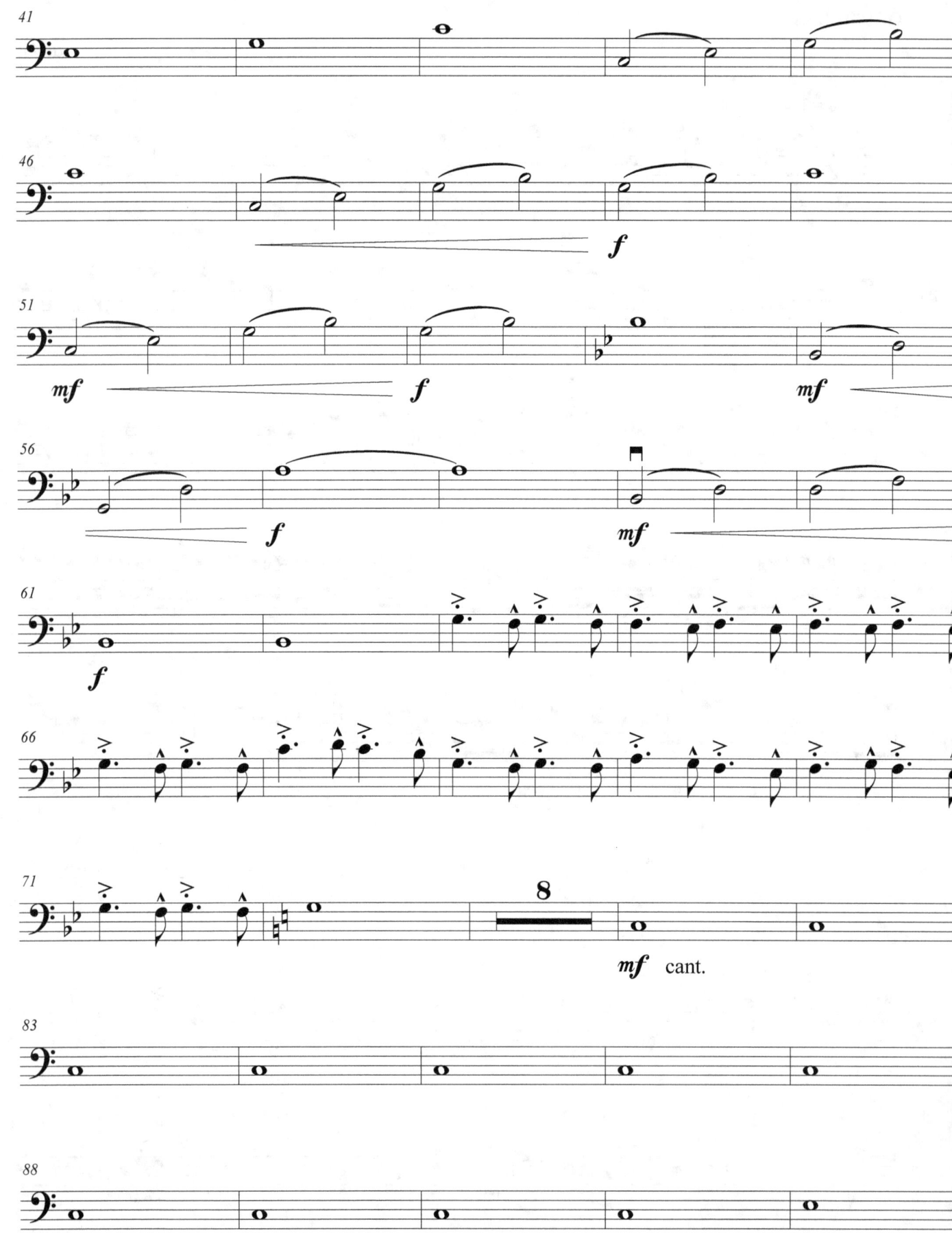

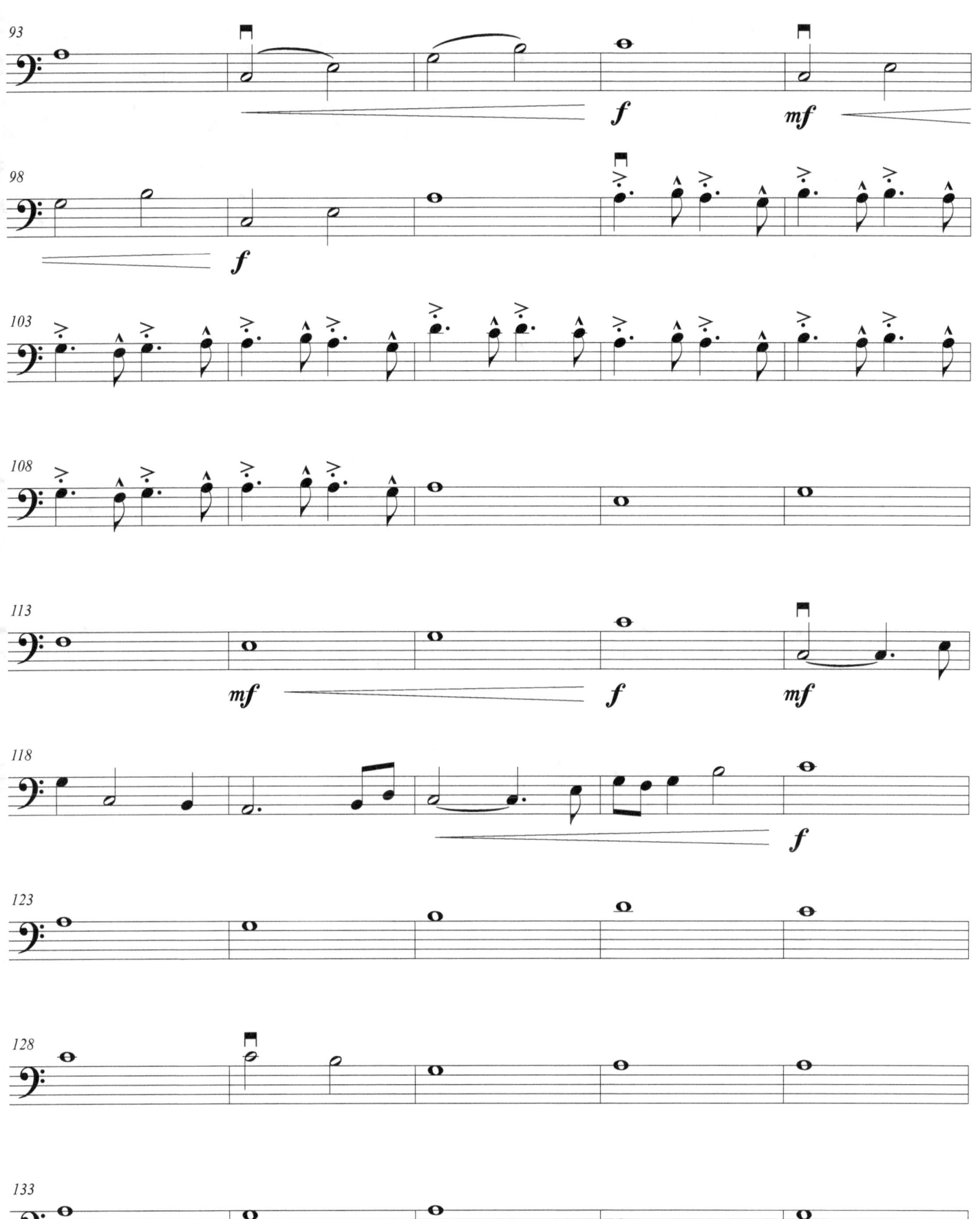

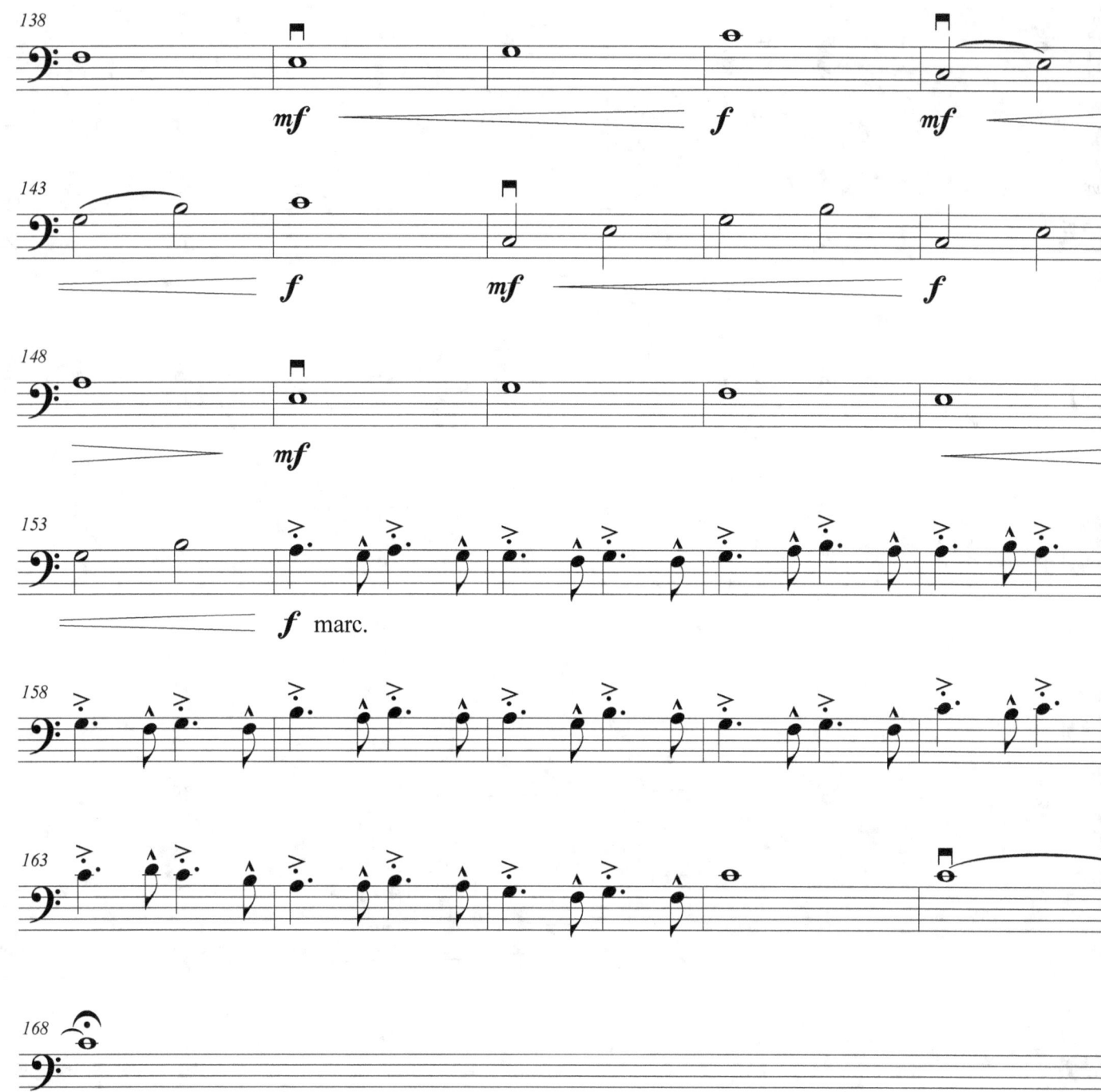

www.ingramcontent.com/pod-product-compliance
Lightning Source LLC
Chambersburg PA
CBHW081814220526
45470CB00006B/2313